ルアーフィッシング「俺流」戦術

キャリア50年のカリスマが明かす最強ロジック

津留崎義孝

つり人社

急激な水温低下のなかでひきずり出した1尾

苛烈なまでに北西風が吹き乱れ、荒れ狂った沿岸に最終手段としてバイブレーションを取り出し、サラシのピンスポットを突いた

一歩間違えば命の保証すらないなか、ぎりぎりのコンディションでバイトをとらえ、まさにしのぎを削ってターゲットに差し向かう

極限のように映るこの釣りは、冷静な判断の元に成立する

実は、ヒラスズキは常に国内のルアー釣りの発展の傍らに存在した黎明期からのジャンルである

ヒラスズキ釣りは私にとってライフワークと言える。
ナイロンラインしかない時代に 4Lb で世界記録を達成したこともある。
そのときに直面した問題は、以後私のスタイルを決定づけ、
そのときの記憶は今も瑞々しく脳裏に去来する

人生で2番目に釣ったルアーの獲物がヤマメだった

いかにも魚が潜んでいそうなほれぼれするポイントではなんの反応もなく、かえって見た目には変化が乏しい開きでアタリが集中したりする。それも渓流釣りの一幕で、現場の雰囲気に飲まれずに判断できるか。これが渓流釣りの骨法。人の裏をかくという点ではヤマメもヒラスズキも共通している。

雨後の源流帯にたたずむ。普通なら即座に魚の顔を拝めるが、そうはいかない。そのときに釣り人は何を考えるか。そこが重要だ

動きの鋭さは人間以上。だからこそ読みが要る

ヤマメ釣りではフローティング、シンキング、ミッドダイバーのミノーを使って、アップクロス中心の組み立てをする

ヒット率を高めることを絶えず意識できるか

釣技の向上、効率、そのためにはあらゆる可能性を排除しないのが流儀である

雰囲気を掴む嗅覚が明暗を分けることもある

ヒラマサが最強とは思わないが、抜き差しならない相手ではある

スキルの向上を長い目で見るなら、どっちつかずに終わるのを避けるために、終日キャスティング、終日ジギングに絞ってしまうのも有効な手段だと思う。

経験を積むほどに取り乱すような感覚になる相手との出会いが少なくなっていくが、オフショアにはまだまだ未知の領域がある

目次

CONTENTS

キャリア50年のカリスマが明かす最強ロジック
「俺流《ルアーフィッシング》」戦術
津留崎義孝

写真＝表紙および巻頭グラビア02～07ページ／津留崎 健
文中写真および構成＝小田部修久

はじめに

釣り人の主観をなるべく排除し、釣果により近づけること。

これが私の魚釣りです。私は、魚を釣り、魚を売ることで日々の生計を立てている人間ではありませんが、限りなく、むしろそれ以上を目指す人間です。

魚釣りの最終目的は、字面にあるとおり魚を釣りあげることであって、その道の最短距離を目指し、ルアー釣りにおける魚をどれだけ理解し、魚にどれほど近づけるかを探求するあたりにあるかと思います。

この本はそのことを書き記すもので、私個人は趣味人であり、活動の基本路線としては1から10を創り出すというより0から1を創りたいと考えている人間です。そのため、なかなか癖の強い理論と創作が際立つ感じになっていますが、そのあたりが私のモットーでもあります。

釣りで当たり前だと語られていることは真実なのか？　という視座から、場合によっては常識や世相を斬る形にはなりますが、こう見えて普通の人間であり、決して不可能なことを言いたいわけではないのです。

魚を釣りあげるという趣味の道すがら、こういう形もあるのだなと読んでいただければと思います。

津留崎義孝
職業　ルアーデザイナー、釣り人、ライター
趣味　ビデオ編集、建築、園芸

§1

「自分の釣り」を表現するツールとしてのタックル

タックル、そしてロッド
すべては魚の口にフッキングを決めるところから始まる

軟らかいロッド、ナイロンラインしかなかった時代にライトラインで世界記録をねらって直面した課題こそ、現在に通じるタックル観、ロッド観の土壌となった。道具への過剰な期待とそこからの期待外れを招かない第一歩は、やはり自分自身をよく知ることである。

◉釣りのスタイルに対するタックル論

私を知る人は、私のスタイルや思考は大方解っているかと思う。だが、この本がとっかかりの人には説明がないとこの先チンプンカンプンになってしまうに違いない。そのため、私がどういう釣り人なのか、どういう釣りをどういう理由で行なってきたのか、そこから話す必要があるだろう。

今を遡ること45年あたり、第一次ルアーブームにもれなく私も率先して参加して以降、雑誌や漫画本を手本に普通の釣りを展開していた。それが独自の道に変化し始めたのは数年後のことだった。

世界に釣り具を販売する会社との出会いあたりからと思う。

趣味としての道と、漁（狩り）としての道をそれぞれに見る機会があった。

そこから外国の釣りに触れつつ、釣り具を作る傍ら自らも釣りを行ない、23歳（今からおよそ32年前）あたりでは世界タイトル獲得ブームに乗って2Lbラインで7.1kgのマルスズキ、4Lbラインで7kgのヒラスズキを釣り、エントリーした。

思えば、このあたりがタックルに対する方向性が大きく固まった時期でもあった。とりわけライトライン、2Lbのフッキング動作やキャスティングなど、当時のタックルの性能を考慮しつつ行なう必要があった。

普通ならもっと太いラインで釣るところだが、ポンド数を落とすことで通常とは大きく違ってくる部分を認識する必要があったことは今でも鮮明に覚えている。

魚の口に効率よくハリを刺すためには何をしなければならないか。ルアーを遠くに運ぶにはどうするか。自分の能力を増幅させるのに道具はどうあるべきか。

約半世紀にわたってルアー釣りに取り組んできた。もちろん、現在とは道具も違ったし、経験値も違った

そのあたりから道具に対する嗜好が決まり始めた。魚を釣るために必要な部分を強調した道具はどうあるべきか、と。

　魚釣りは趣味で括られてしまうが、それを生業とした場合、魚を確実に釣る必要が出てくるわけである。一方で、魚釣りは魚を釣りあげることで完結するという部分は多くの人にも大きな変わりはない。

　私の釣りも釣果を手にするという最終目的に達する道の登り方のひとつとして存在するが、思考法や組み立て方は独特かと思う。

私の釣りや道具に対する思考法が、選択肢のひとつとして参考になればと思っている

◉大きく変化したロッド観

魚を釣る。これに特化した場合、魚の口や体にフックを刺すパートを最重要視しなければならない。だが、当時の穂先の軟らかい名ばかりの高弾性ロッドでは思いどおりのセットフックを行なうことがなかなか難しいと感じた。そのため、当時はロッドの性能やラインの性能に合わせたフックを自作しなければならなかったのを思い出す。

　結局フックを魚の口に掛けねばならない。そこが始まりである。それを思い知った。

　穂先がどうだ、ラインはどうだと、それぞれの性能の極限のところで結果に結び付けたとき、魚を釣るという目的のためにはどういう部分が重要なのか。ここが、それまで私の中に流れていた通説とはまったく違う流れになっていった。

　そして、魚釣りは魚を釣ることで学習できる。

　趣味としての、ハンティングとしての釣りも好きだし、ゲームとしての釣りももちろん好き。ただし、こうした講釈を述べる性分から（笑）、より客観性を重視し、腹一杯になったら釣り飽きてロッドを置くというのがない。殺生ではあるが、プロセスに対する結果をデータとして積み上げるためには〝獲れ獲れ〟でないといけない。

釣りはターゲットを取り巻く環境や習性を知ることで成立し、自分自身のスキルを理解することもとても大切である

　漁師じゃないんだから、という建前を前面に出せる人間でもない。ある意味乱獲に映っても魚には釣りを向上させていく教材としての役目を果たしてもらうこともある。もちろんぞんざいに扱うという意味ではない。

　そもそも、魚をハリで引っ掛けることが好きでなければ釣り自体を語れないし、むしろ、その目的があって初めて道具に対する色々な要求が生まれてくるのではないかと思う。

　こうして目標が明確化すると道具のそれぞれの役割に必然性を求めるようになった。ロッド、リール、ライン、フック、ルアーのそれぞれを目標に向けて強化し始めた。

　魚に対してできる限り一直線。これが私のタックル観に通底する思想となった。

このタックル観は、どの程度自分が魚を必要とするかによって肯定できない部分も出てくるかもしれないし、体力的に受け入れられない場合もあるかもしれない。よって、あくまで多岐にわたる手法のひとつとして、どれを選択するかは自由である。

ただ、本書を読んだあと、釣りや道具に対する選択や使用基準に対する知識として役に立てばよいかと考えている。

ルアーフィッシングは、一見ニセモノを食わすという自然の理に反する部分が目立っていて難しそうである。

だが、やっていることは他の釣りとそんなに変わりはない。

魚を理解する、行動パターンを理解するというのがある意味正解かと思う。

ルアー釣りは魚の大きさに対する結果から言えば割と簡単かつ効率的な手法である。私自身、大きなメーカーに入社して初めてマルスズキを釣るまでかなり時間を要した。それは、ただ単に雑誌を読んで現場に行き、状況もうまく飲み込めないままロッドを振っていたからで、ある意味当たり前の結果だった。

まず何より相手を知る。見える魚を見つけ、その動きを掴み、観察してルアーとの間合いを研究し、対峙する。ところが、初心者にとってそれは一朝一夕ではできにくい。自らを顧みてもそう思える。釣れない大きな原因は、釣り場と時間の特定ができないところにあり、平たく言えば魚が釣れるであろう釣り場を見つけきれていないところで、根本は対象魚の生存サイクル自体を理解していないからにほかならない。

もちろん、適当に行ったら釣れたという幸運な人もいるだろう。そこが釣りの面白いところでもある。場所や時間を特定しても、相手が生物である以上、不確定要素がつきまとって結果は予測できない。自分が考えたこととは違う方向に結果が出てしまうことは多い。

ある種いたちごっこなわけだ。生物も生きる道を探し、日夜変化し続ける。追う側の捕食者的生物もそれを探して捕り方を工夫する。そこが奥深さである。

例えばホコ天で何百人のも異性に声をかけるのと同じで、自分の行なうパターンに何尾ハマるのか、それを待ちつつ作業を繰り返すという人も少なくはないし、ある意味それも悪い方法ではないと思う。なぜならそれでも結果的に数字は出るわけで、そのデータをもって次の行動に応用できるからだ。

目標が明確になると道具に対して具体的な性能を追求するようになった

魚に対してできる限り一直線。これが私のタックル観に通底する思想となった。ルアーフィッシングは、一見ニセモノを食わすという自然の理に反する部分が目立っていて難しそうである。だが、やっていることは他の釣りとそんなに変わりはない。

ルアー釣りは比較的簡単に大型魚を誘うことができる。その点で効率的である

◉ルアー釣りの道

　釣り人が長らくこれだけ釣っても魚がいなくならないところをみると我々は反応する魚のみを間引きしているくらいに考えてもよい。基本的にエサでないものをエサの代わりにそれらしく使ったり、産卵や求愛の邪魔をして怒らせた結果、ハリに引っ掛けたりする。そういったことを探すのにかなりの時間と労力を使っているということではないか。

　その蓄積が現在の魚の漁獲数に現われているとも言えるだろう。私も最初から本を書くほどに知識があったわけでもなく、その祖となった先輩方の本を読んで楽をした部分も多分にある。

　私の記述も踏まえて今後も魚の生態は研究されていくことだろう。釣りは、ターゲットを取り巻く生物の習性を知ることで成り立つ趣味だと考えている。ことルアー釣りには自然界には存在しないという絶対的な縛りが存在する。

　ラインを使う関係上どうしてもキャストしたら、もしくは沈めたら、その人に向かってルアーは泳いで帰ってくるという宿命がある。それによってルアーはルアーらしき単一さを出してしまうわけである。

　今後、引っ張った方向とまったく逆に泳ぐような革新的なものが開発されれば別だが、基本的に頭の向きは多少風やカレントで変わったとしても普遍的である。そこがルアーとエサの決定的な境であり、それを誤魔化す要素が夜間や早朝、夕方、速く遅くなど、限りなく条件や技術が多岐に渡って必要とされるわけである。

エサではないもので魚を釣るという道はそういった大きな違いを小賢しい動作でなんとか魚の口に持っていこうとする道でもある。

　立ち込んでみたり、川に対して平行や直交等、きりなくそのごまかしの工夫は続くわけである。エサではないもので魚を釣るという道はそういった大きな違いを小賢しい動作でなんとか魚の口に持っていこうとする道でもある。既に諸先輩方の努力によって色々な誤魔化し方は確立されており、そのフォーマットに沿って釣りを行なうもよし、ベースはそうでも所感があればそれを少しずつ自分なりに変えていくのもよいかと思う。それを楽しみつつ掘り下げていくのがルアー釣りという道かと私は思う。

ルアー釣りは、エサのようにそれらしく見せたり、産卵や求愛の邪魔をして怒らせた結果、ハリに掛ける釣りだといえる

◉道具の説明の前に

釣りといえば道具という方向にまずはいきがちである。だが、基本的にそれを操作するのは釣り人で、道具の進化の度合いと能力の伸び幅は、当然のことながら能力側に軍配が上がる。利き手以外でも投げる練習やアンダーハンド、その他のトリックキャストは、習得していればどんな高額な釣り具より効果的に釣りを展開することが可能となる。

とりわけロッドに依存しがちなキャスティングにおいては、きっちりとしたキャスティングができるか、そしてなおかつどれほど強弱をつけてロッドを握れるかがルアー操作の鍵ともなる。

リールを巻くのもロッドを握るのも自分の手であり、ロッドやリールに文句を言う前に自分の手をきっちり動かすことが先決なわけである。ロッドは延長増幅器であるわけで、それなりに熟練を要する道具である。

自分自身の能力を見たければ、部屋の隅においたゴミ箱に丸めた紙を投げてみればすぐに解る。手で投げてノーコンの人はロッドを握っても大抵ノーコンである（笑）。残念だが、それは現実である。

上達の秘訣はピッチングやキャッチボールである。距離感とロッドティップの制御ができる手首や握力の加減を鍛えるのがまずは必要である。もっとも、そこまで一生懸命やる必要はない。ピンポイントや船の弦側から前後に投げなくてはならない人には練習が必要だが、大抵の場合ある程度広い場所で釣るのが普通だからだ。もっとも、道具選びで自分に合う合わないというのは個人の能力によって実際にあり、選択の幅の差もある。

そこを理解しておかないと過剰に道具に期待してしまう。期待外れにならないためには自分自身をよく理解しておくことから始まる。

スキルを身につければ、どんな高額な釣り具を揃えるより効果的に釣りを展開することが可能だ

◉ロッドが果たす役目

目的によってロッドが果たす役割は異なるが、キャスティングロッドが果たす大きな役割はルアーそのものを遠くにも近くにも思いどおりに投げられるところかと思う。どの条件下でもそれができることが肝心だ。次に、ターゲットに対してかけるドラグに耐え得るところである。私にはこの二点を押さえているロッドが必要である。

この二点は製竿特性上それほどかけ離れた要素ではない。

私が嗜好するのは硬いロッドであり、硬く作るということはある意味丈夫でもある必要から、必然的にカーボン量自体は多くなる方向になり、ドラグの問題はクリアする。

ただし、硬いと重くなるわけで、私が求めるのはどちらかというと投げザオのような軽いけれど硬い系統で、ここがかなり難しくなってくる。ウキ（フロート）の謳い文句に「高比重で高浮力のウキ」というのを見たことがあるが、対立要素が両立する物体は存在しないわけで、カーボン量が多くて軽いロッドも同様に相反する部分がある。

今の世に出ている軽くてシャッキリしているロッドというのはある意味無理をしているとも言える。しかし、物理的な比重のみのウキと違ってカーボンには素材的な差がある。相反する要素は素材によってバランスを図れる。トドのつまり、私がロッドに求めるのは硬さ、軽さ、その次にパワーの順番である。

遠くにも近くにも思いどおりに投げられ、ターゲットの負荷に耐え得る。これがロッドに求める性能である

◉ロッドに硬さが必要な理由

硬いロッドとは基本的に高弾性ロッドを指す。さらに、レジン量を絞ってカーボン量を増やすと、クリスプな、中身がなさそうなロッドができあがる。それが好まれる。

キャスティングは、手の延長としてリーチを長くし、素手では出しえない加速をルアーに与え、遠くに届くエネルギーを与えるわけだが、その増幅元である手にも限界は存在する。つまり、仕事量（エネルギー量）は決まっているわけで、その中で最大の仕事をさせるには荷重はなるだけ少ないほうがよい。

この場合、ルアー、リール、ロッドが関与してくるが、ルアーは目的遂行に不可欠で、それ以外はリールとロッドになる。キャスト時におけるリールの位置は、ニュートラルな位置にあり、キャストを大きく左右する感じではない。ただし、シングルハンドキャストだと腕が身体から離れた位置からのスイングになるので影響は多少考慮したほうがよい。

そして、最後の要素のロッドがかなり関与してくる。

短いロッドはまだしも200gを超えてくるあたりから硬さに対する重量の問題が出てくる。どうしてロッドは硬い必要があるのか。それは、なぜ軟らかいロッドは投げやすいのかという部分の裏返しである。

ロッドスイングにおけるリールの位置はニュートラルな位置にあり、キャストを大きく左右する感じではない

軟らかいロッドがなぜ投げやすいか？

それは簡単で、荷重によってブランクが曲がり、制御する部分が手元に近いところにあり続けるからである。つまり、軟らかいロッドなら10ftあっても投げるときに5〜6ftになり、硬いロッドは曲がりにくいために目減り分が少なくなる。

長いロッドは短いロッドよりも飛ばしやすい。だが、荷重で曲がってしまうと全長が長くても結果的に短いロッドと同じになる。

キャスト時に2.5kgの荷重が必要だとして、2.5kgのオモリをぶら下げた軟らかいロッドと硬いロッドではどっちが長さの損失が大きいか、という話である。当然、長いのは硬いロッドである。なおかつ復元力の差も硬いロッドのほうが大きく、瞬間的に曲がってもフォロースイング時には長さも復元するというメリットもある。

もっと言えば、ヒラスズキなどのロックショアでの釣りの場合、ブランクやルアーが受ける風の抵抗も数kgになる場合も多く、キャスト能力が4kgマックスの人やタックルがあったとしてその実効能力は強風下では30％以上ものロスが出ることになる。

飛行中にルアーやラインが受ける抵抗も考慮すれば、なおさら飛距離は落ちる。その損失を少なくする。ある程度の釣りができるようにするには硬いロッドは必要不可欠になる。

また、キャスティングのバリエーションも硬いロッドだとライナー弾道などの操作はやりづらくなる。

要するに私は自分が力を入れた分だけ仕事をこなす、過分も不足もない従順な道具が欲しいわけである。言い換えればごまかしがきかないロッドである。

素材別の飛距離に対する特性については、ハイカーボンとグラス混合の場合だと復元が早いハイカーボンのほうが若干寄与するかと思う。ただし、双方木刀みたいな硬さだったらあまり変わらないかと。曲がらないところの差は遠心力の差になるわけで、それがないほどに硬くなると差にならない。

ナノアロイと通常のハイカーボンに関しては、2018年現在、同じトン数の素材を同じように巻いた場合、意外だがナノのほうが軟らかい。つ

硬いロッドは復元力が高く、フォロースイング時の戻りも早い

まり、私があまり好きじゃない味付けになりやすい素材ということになる(笑)。それでもゆっくりとした操作が基本のロッド、例えばフライロッドやテンカラなどはナノ素材の性質を活かしたいロッドになる。

　また、ロッドの設計、つまりテーパーは結構大事である。

　小さいルアーを細かく使いたいのでティップが軟らかい、もしくはティップアクション（ファストテーパー）タイプのロッドは飛距離を出すのに向いていない。ちなみにワンピースロッドとセンターカットのツーピースの場合、印籠継ぎを除いてツーピースのほうがキャスティングには寄与する。ロッドは先から綺麗に曲がるとアブソーバーの役目も果たすわけで、ティップに自分の力が加わりにくいロッドができ上がる。ツーピースがよいというのは、つまりジョイント部が補強されて重くて硬い部分が中間にできることで必然的に曲がらない部分となるからである。

　キャスティングにこだわるなら、ティップが軟らかくないスローテーパーに近いものが最終的に使いやすくなる。さらに、チューブラだとその太さは使うカーボンの種類よりもアクションに与える影響力が大きくなる。つまり、「細くて硬い」は「太くて硬い」よりも難しく、なおかつ物理的に無理が出てくるため、後者に追いつくことはまずない。

自分が力を入れた分だけ仕事をこなす、過分も不足もない従順な道具が私の理想とする道具だ

◉フッキングレートの違いについて

　キャストはある程度理解できても食い込みの部分においてはいまだに軟らかいロッドを好む人も多い。どちらかといえばこちらの要素のほうが主流になっているかもしれない。実のところ、私はその意見とは異なる考えを持っている。

　我々は基本的に、見えない水中にルアーを投入し、それを自分の方向に向かって回収を繰り返すことで釣りをしている。いつヒットしているか、というフッキングのタイミングが合っているかは解っていない。

　私は基本的にジャストミートでフックするケースはごく少ないと考えている。つまり、咥えたり飲み込んで吐き出すついでにフックが口のどこかに掛かっていると仮定している。

　バラマンディという魚が海外にいる。日本にいるアカメに近い魚である。この魚を釣っているとたまに「コン」と軽くアタリ、ルアーを回収するとルアーの遥か上、アイから5～10㎝あたりのリーダーがザラザラになっている状況が頻発する。魚はルアーを口の中に一旦吸い込み、あっという間に吐き出しているということである。

　にもかかわらず、私が感じているのはコンという一瞬。通常で言う前アタリという状況である。私は特別動きのぬるい人間ではなく、むしろ速いほうだと思うが（笑）、魚が吸い込んで吐くまでにアワセを入れきれていないわけである。

ラインは常に張っておくべきで、モグモグ食わせるようなエサやワームの釣りでない限り、ハリ先1~2㎜をいかにオートマチックに相手に刺すかが鍵となる。

ということは、基本的に魚のほうが反応は早く、ジャストミートできると思えるのはサーフェスゲームくらいかなと思う。

そうなると弾くという現象をどう説明すればすっきりするかと考えあぐねてしまうわけである。思うに、フックがあることで魚の体のどこかに当たったきっかけでハリ先が引っ掛かり、それがリールの巻きや流れや魚の反転、ロッドを含むラインの張り具合でオートマチックに伝わっているともいうべきではないかと思うわけである。

我々がやっているアワセという動作は、ほとんどの場合、追いアワセでしかないのではないか。ということは、ラインは常に張っておくべきで、モグモグ食わせるようなエサやワームの釣りでない限り、ハリ先1~2㎜をいかにオートマチックに相手に刺すかが鍵となると考えるほうがまともなのではないかと信じている。

何よりロッドを握っているのは、地面に刺して固定したサオ受けの類ではなく、自分の手なわけで、基本的に穂先を硬くも軟らかくするのも自分で調整可能なわけである。

フッキングテンションをシーバスで1.5kgとした場合、ロッドが軟らかければその1.5kgになるまで体の動きは硬いロッドより軟らかいロッドのほうが確実に大きなモーションになり、完成時間も遅くなるはずである。

実質ヤマメ釣りなどはいちいち細かいトゥイッチを入れる必要はなく、ガッツリとオートマチックにフッキングするので、かなりの変化を実感するはずである。小手先をほんのちょっと動かすだけでフッキングできるわけで、ある意味簡単になる。

アワセという動作は、ほとんどの場合、追いアワセでしかないのではないかと思えてしまう

ヤマメ釣りで硬いロッドを使うと細かいトゥイッチを入れる必要はなく、ガッツリとオートマチックにフッキングしてくれる

リールはどういう道具か

経験に基づき、さまざまな角度から考えた

ベイトキャスティングリールの守備範囲が広がっている。ベイトはベイトの、スピニングはスピニングのよさがあり、どちらも使ってきた。その結果、特性に差はあっても優劣に差はない。リールを選ぶとき、使うとき、どこを意識してきたか。その経験を記す。

◉ベイトかスピニングか

どういうわけかキャスティングの釣りでもベイトリールが流行っていて、おじさんには？？？な状況だが、リールはどっちもどっちかと思う。強いて言えば、セーフティな釣りを標榜するならベイトよりスピニングかな～という見解になる。

もちろん魚種によって、ウィードの釣りやリザーバーなどでデカい魚をねらってデカいルアーを投げる場合、あるいはリーダートラブルなくシステムを投げようとすればベイトが頭に浮かぶこともある。ほかにもイトヨレが嫌いなど、ベイトリールを選ぶ理由はいろいろある。

結局のところ、ベイトとスピニングは剛性に応じて重さもさまざまで、どっちがどうとは言い切れないのである。

クラッチを切るモーションからのベイトキャスティングは、両手を使って操作するスピニングに比べるとスピーディーで、扱いやすさの大きな一因かと思う。キャスト後の軌道修正もある程度でき、アキュラシーキャストならベイトだという人も多い。

ただし、私はいずれか一択なら迷わずスピニングである。

二者の大きな違いはキャストモーションの大きさにある。

ベイトのほうはキャスト時にジワリとスプールを押さえた指を緩める関係上フォロー距離が長くなる傾向にある。

その点、一瞬で弾くようにキャストできるスピニングのほうが振り幅に対する距離は大きくなる傾向がある。また、キャスト直後に壁があったとしてもスピニングはライントラブルがほぼないが、ベイトはバックラッシュに見舞われ、それが遠征の行軍中だった場合、釣りに対するポテンシャルが著しく低下する可能性も否めない。

そんなわけでサブタックルとしての保持が可能な場合意外、通常使用しない。まあ仕事ゆえ仕方ない。釣り続けられる。これが大前提だ。

とはいえ、私もカブレるタイプなのでベイトでもアキュラシーキャストの大会で優勝できるくらいは投げられていた。現在は……だが(笑)。そんな具合に決して嫌いではないベイトだが、遊び以外で率先して使うことはなくなっている。

ベイトリールはクラッチの関係上スタードラグという小さなリング状のワッシャーのようなドラグを使うのが通常であるため、あまり強力なドラグ値は得られなかったが、近年はこの点が大幅に改善されて強力になっている。

レベルワインド機能がついているサイズの使用については趣味的にはOKかと私も思う。ただ

上／スピーディーに投げられ、コントロールが決まるのもベイトのほうではある
下／一瞬で弾くようにキャストできるスピニングのほうが振り幅に対する飛距離が見込める

し、レベルワインドの動きがスプール連動でない場合、長いリーダーシステムがレベルワインドで擦れてシステムが弱くなり、最悪切れてしまう事例も多発している。ベイトだからリーダーを長くできるとは一概に言えないところもあるのだ。

それ以上のクラスになるとレベルワインドがないタイプになり、今度はキャスティングにかなり不安定な要素がつきまとってくる。つまり、魚が掛かるまでのリスクはスピニングより操作が面倒になるのだ。ベイトを使っている自分が好きな人はそれでいいと思うが、基本的にどうかと思う点も多く、おすすめはできない。

ベイトリールを使っている人はリーダーとメインラインの問題を解決したい人かと思う。私も一時期ハマった。

◉ラインの太さからの見地

ベイトリールにおける太いラインのキャスティング能力はスピニングよりもある程度は高い。太いラインを巻くとバックラッシュは少なくなる。キャストによってスプールから加速度的にラインが出ると同時に、スプールに巻かれたラインの厚みは急速に縮小し、抵抗も発生するためである。抵抗が大きいとオートマチックなブレーキとなるのだ。

だが、キャストにおけるリーダー結束部との衝撃を考えると普通に釣りができるのは15号あたりまでで、それ以上、例えば20号になるとリーダーはショート化したほうが賢明である。キャストの衝撃を抑えないと釣りやすくならない。

ベイトのジギングリールにそれぞれ8号と3号のPEラインを巻いて投げた場合、バックラッシュしやすいのは3号である。キャスト時、先述したリーダーの長さと直径の減少率の関係から加速が一時的に早くなりやすく、バックラッシュが起こりやすい。それを防ぐには直径の減少を抑えるためスプールのワイド化が効果的だが、そうすると今度は別にルアー操作をやりつつスプールの凸凹がないようにラインを巻き取らないと次のキャストに影響が出てしまい、次の課題を生む。

こういう風に考えていくと、慣れの問題もあるが、GTであれば夜の堤防で死んだトビウオの代わりにルアーを投げるような釣りには向くが、それ以外だとルアーの操作効率がかなり下がる可能性が高い。

ソコソコのスキルであるなら12号程度のラインまでならスピニングを使ったほうが操作面でのアドバンテージは高くなる。

結局、ルアーを投げるところまでは格段の差はなく、双方あまり変わりはないが、ルアーの操作面、ポッピングやジャーキング、あるいは速引きなどを行なう際、レベルワインドがないベイトリールは常に手元に気を使う必要があり、常にラインを指で捌いて巻き取る必要があることからタックル操作時の左手のポジションの不自由さも出てくる。

太いラインのキャストはベイトのほうが飛びやすいと前記したが、それも基本的に投げる人のレベルにもかなり依存する。

PE12 号程度のラインまでならスピニングを使ったほうが操作面でのアドバンテージは高くなる

20号のラインを投げた場合、スピニングもベイトも引っ張られるラインの抵抗値の問題から飛距離自体は落ちる傾向にある。大型のリールでも20号のラインはそんなに巻けない。

40H系のキャパでも130m程度しか巻けない。スピニングなら7000番に150m程度だ。というわけで、ラインのバタつきのブレーキがかかりやすいスピニングに比べるとベイトのほうが幾分マシというくらいである。

そして、ベイトでもリーダーが抜ける衝撃は大きくなる。

例えば、最低でもナイロン60号くらいのリーダーが必要なGTの場合、20号程度のラインを巻いてシステムを組んでしまったらその衝撃はスピニングのそれよりは小さいものの、やはりバックラッシュギリギリの状況になりやすくなる。

それは、キャスト時のスプール回転に伴ってスプール直径が小さくなるなかでPEとリーダーではその減少率が違うところに起因しており、さらに結び目が衝撃となる。

また、ドラグが出るとき、スプールに巻いたライン自体を押さえるベイトに対し、スピニングはラインではなくスプールエッジを押さえて負荷をかけられる点がメリットで、ドラグが頻繁に出るパワーファイトの釣りにはあまり向いていない。

まとめとして、ベイトリールとスピニングの違いについては、ベイトで魚を釣ることは基本的にビッグゲーム系ではかなりのストイックさが求められる。中型の魚においてはレベルワインド装備により、ある程度の慣れによって可能かと思う。

おそらく、ベイトリールを使っている人はリーダーとメインラインの問題を解決したい人かと思う。私も一時期ハマった。確かにベイトはスピニングよりも長くリーダーを使うことが可能だ。ただ、スピニングもテーパードリーダーでガイドとの干渉が著しく減少するシステムを採用すれば、リーダーは4m程度となり、やりやすくなってきてはいる。

私的に、リールについてはヒットしてからササッと上げられない己の技量にも問題があるわけで、それをタックルに逃げている人がかかる病気みたいなものかと思う。お手本になり得るか否かは微妙かと感じている。

◉さまざまな比較要素

剛性的に一枚上なのはもちろんベイトである。

例えばメインシャフト。スピニングリールはオシュレーションのために上下動するわけだが、ドラグをある程度かけてラインを巻くとスプールエッジ側やローター方向にスプールがプルプルと引き寄せられるようにたわむ場合があり、そこにテンションのムラを感じることがある。

機構上、両軸か片軸かという違いでそうなっているわけで、ドラグを使って中小型のリールでファイトするとそれを感じることが多い。そこまでたわんでも無負荷だと普通に元に戻るところが驚きである。

構造の違いから、剛性的に安定しているのはベイトである

テンションのかかった状態でのスピニングとベイトの違いはほかにもある。

例えば3kgドラグでゆっくり回転するテンションでもローターとスプールが別動のスピニングの場合、ドラグが出ている最中でもラインを巻き取ることが可能となる。ベイトだとこの点は残念ながら一体化している関係上それはできない。

私はウルトラライトラインで記録魚をねらうときにドラグを出しつつもラインを巻き取ると

いうことを実践して最終的に魚を釣りあげたことがある。

利き手については悩みの種だが、私はどっちもあまり気にしていない。

両方できない人だと、ジギングならおそらく巻き手を利き手以外にするほうがよいかと思う。キャスティングもあまり気にしていないが、より細かいキャストを行なう必要がある場合は、やはり利き手でロッドを握るほうがよい。

リールシート周りにも嗜好を含めていろいろある。どこまでもEVAやコルクに自分の手が乗ってないと気がすまない人や自分の手のひらでスクリューを回してしまう人などだ。

わからんでもないが（笑）、ロッドの中で一番重たいのはグリップ周りである。ブランクは120gでもグリップやガイドが付くとあっという間に200gを超える。そこにいろいろな注文をつけていくとロッドの性能が上がらない場合も多々発生する。

アップロックやダウンロックはグリップ長にも影響が出る。基本的にはメーカー推奨のシステムが軽いと考えるべきで、さらに基本はアップロックであろう。

アップロックはリールからのグリップの長さを同じとした場合、一番材料重量が少ない。その代わり、リールを握る手はグリップではなくリールシートを握ることになる。ダウンロックは基本的に重くなる傾向にあるが、バスロッドやオリジナル制作のシートの場合はこの限りではない。

ギアの好みは分かれるところだが、私はノーマルギア派である。フッキング動作の遅れが少ないところが理由だ。ロッド論でフッキングはちょっとしたきっかけが左右すると言及したが、リールのギアの違いもフッキングに関連するところがあると思っている。

例えばリトリーブしている最中に魚がルアーに噛みついたとする。ハイギアだとハンドルの回転が一瞬完全に止まる感じになる。ノーマルギアだとハイギアよりは巻き込んでいる感じである。フッキングのきっかけで考えれば、リールの巻きが止まってしまう状態だと慌ててロッドを持ち上げてフッキング動作を継続するが、巻き上げトルクがあるノーマルギアはある程度巻き込みつつフッキングできるため成功しやすいと考えている。微妙な差ではあるが、フッキングのメカニズムは、そのわずかな差の中に核心があると考えている。

とくに、スローリトリーブ中の食わせのタイミングで、ストップから次の動作に移る際の遅れる感じは顕著であり、リール本来の役目であるラインを巻き取る仕事がいかなる状況でもできるギアのほうが結果につながる傾向が高いと思っている。

ところが、ジギングに関してはまったく逆の嗜好となる。

スピニングは船の船体側にラインがあるのでそこに気を使わなければならず、ライトゲームのほうが使いやすい。魚が大きくなると舷に乗り出してラインやリールが当たらないようにファイトする必要が出てくるためだ。必然的に体の芯から離れる方向に負荷のかかったタックルを持ち上げたり突き出したりする必要からきつくなる。

その点、ベイトタックルは舷にヒザを立て、そこにベイトリールを置いた状態で体勢を固めてファイトでき、ロッドを舷に当ててもラインが痛むことはない。そういう意味では大ものとのファイトがしやすくなる。

近年はベイトフィネスも一般化し、渓流やアジでベイトもアリだが、基本的にどっちが全天候型かを考えておいたほうが堅実である。1～2gから40gといった対応幅を考えればスピニングかなと思っている。

使いやすい印象のあるスピニングだが、とりわけキャスト時のアキュラシーの面では熟練を要するものと思う。ある意味投げたら終わりのスピニングよりも、投げようと思えばカーブも投げられるベイトリールは取り付きやすいところがある。

ボートジギングではベイトに分がある。ファイト時の姿勢から考えても適している

ベイトフィネスも渓流やアジ釣りで使われるようになった。私の考えでは、対応幅が広く、その実キャストコントロールの難度が高いのはスピニングである

ラインテンションをかけて巻き取るときの剛性や実際の巻きやすさを重視するようになった。

◉総合的なロッドとのバランス

若い頃、リールやロッドのカタログ表示を穴が空くほど見た。ちょっとでも性能のよいものを選択しようとするのが日常だった。しかし、生業を長らく続けているとちょっとした違和感を覚えるところがあり、逆にあまり気にしなくなった。

例えばヒラスズキだとドラグ2kg程度が平均で、同じロッドで青ものを想定すると4kgあたりまでドラグをかける。しかし、所詮リールを破壊するだけの体力やドラグに匹敵する体力には遠く及ばず、実際はそこまで必要とせずに終わる。

それよりもラインテンションをかけて巻き取るときの剛性や実際の巻きやすさを重視するようになった。

長い時間をかけて見えたのは、リールを選ぶ尺度は耐荷重ばかりではないということだ

ヒラスズキに使うリールで言えばナイロン4号150m、PE2号300m程度巻けるリールが標準だが、実質的にそれはかなり小さい。そのリールに2kg程度のテンションでラインを巻くと結構たわむ。もちろん、ハイエンドのビッグゲーム系のリールになるほどたわみは少なくなる。しかし、それでも2倍の4kg程度かけてラインを巻くとたわむ。

それはそうだろうと思う。300g台の金属がなし得る仕事は物理的にそのあたりだろう。表示に書いてあるのはあくまで最大値なわけで、通常ロッドとのバランスでリールは選択されるべきである。

巻き取りのパワーをどの程度のものに持ってくるか？　そのバランスを取るのが求められる。強靭なものにするほどキャスト時の手にかかる荷重負担は増え、相反要素が強くなる。

2号や2.5号のPEができる仕事を考えれば、マックス4kg程度を目安に軽めにしておくほうが実戦向きだと考えてよい。

通常、青ものを除き、というか近年は青ものも細かくルアーを動かす関係上、割と軽量化に傾いている。その境界をどこに持っていくかは自分のスキルのどこを伸ばしたいかに関係してくる。

リールの仕事はラインを巻き取ることであり、ラインを巻き尽くすことでゲームは終了するわけで、ロッドではできない仕事の領域がたしかにあるが、逆にロッドでしかできない領域もある。その点を考えておかないとスロジギで大ものとファイトするときのような過酷なスタイルになってしまう。

その基準をどこに見出すのか。それは、自分でドラグをかけて自らラインを巻いてみればよい。ハンドルの巻き込み力やオシュレーションが突き出た時のスプールのたわみ具合などを見ていれば、使うべきタックルがどうなのかを理解できると思う。

ヒラスズキに使うリールでは瞬間4kg、体力3kg程度でちゃんとハンドルが巻ければよいし、もう1ランク下がるPE1.5号300mクラスなら1kg程度下げて考えるべきかと思う。

自分のタックルのファイトやキャスティング、ランディングのボトルネックとなる部分がどこなのかは知っておく必要がある。必要もない耐荷重ばかりに目を持っていかずに自分の必要にあったバランスを探すべきである。

ヒラスズキに使うリールの目安は、瞬間4kg、体力3kg程度でちゃんとハンドルが巻ければよい

メタルジグの釣りの構造

深度を加味したオフショアジギングの急所

ジギングにもショアとオフショアがあるが、ここではオフショアジギングにある通説や固まってしまったイメージの中から真に重要と思われる点を挙げつつ、金属という材質や形状によって異なるそれぞれの特性について言及したオフショアジギングマニア必読のメタルジグ論をお届けしよう。

◉ボートジギング

ジギングとは、大まかに言うとメタルジグを使用する釣りを指すわけだが、空気中と違って比重や浮力が大きく影響する水深まで到達させるという目的のため、水面から10m程度までを釣るプラグに比べるとイマイチ発展性のないルアーとも言える。

船で言えば海況と魚の状態を読み、魚のいるところを判断して乗客をそこに釣れていき、ジグをねらった水深まで落として高～低速で出したラインを巻き取る作業をさせ、そこにいる魚を釣りあげさせる釣りがジギングである。

陸からの場合はショアラインからキャストして自分の方向に引くので、やや水平に近いジグの扱いになる傾向にある。バーチカルではなく、ややプラグの代用的な使い方が一般的になる。

ここではボートジギングについて書いてみたい。

オフショアジギングは魚がいる真上から釣るわけで、釣れないのはよほど魚と縁がないのでは、とも思う

ボートジギングのキモは、釣りの全パート（ポイントの選択、移動、アプローチ）の七割ほどを他者に乗船代として支払い、委ねているところで、支払う相手が頼れる存在かどうかを先に吟味するほうが先決だと思う。

無責任な行動が多い船長に頼る場合、基本的に選んだ側の自己責任ともいえる。まあ、釣れる船に乗ったとしての話からスタートしよう。なので、変えるべきことはここで書かれている以前にもあると認識して読んでいただきたい。

魚がいるスポットの真上からルアーを落としても釣れないことも多い。魚探に何かの影が映っていたからといって、それを特定できるわけではない。「おかしいな、魚は映っている」と言われることしばしばだが、潜って確かめる術はない。ただ、釣れないと船ではなくてジグにまつわる、釣れる釣れないの話になるのはこの手の釣りではよくあることだ。

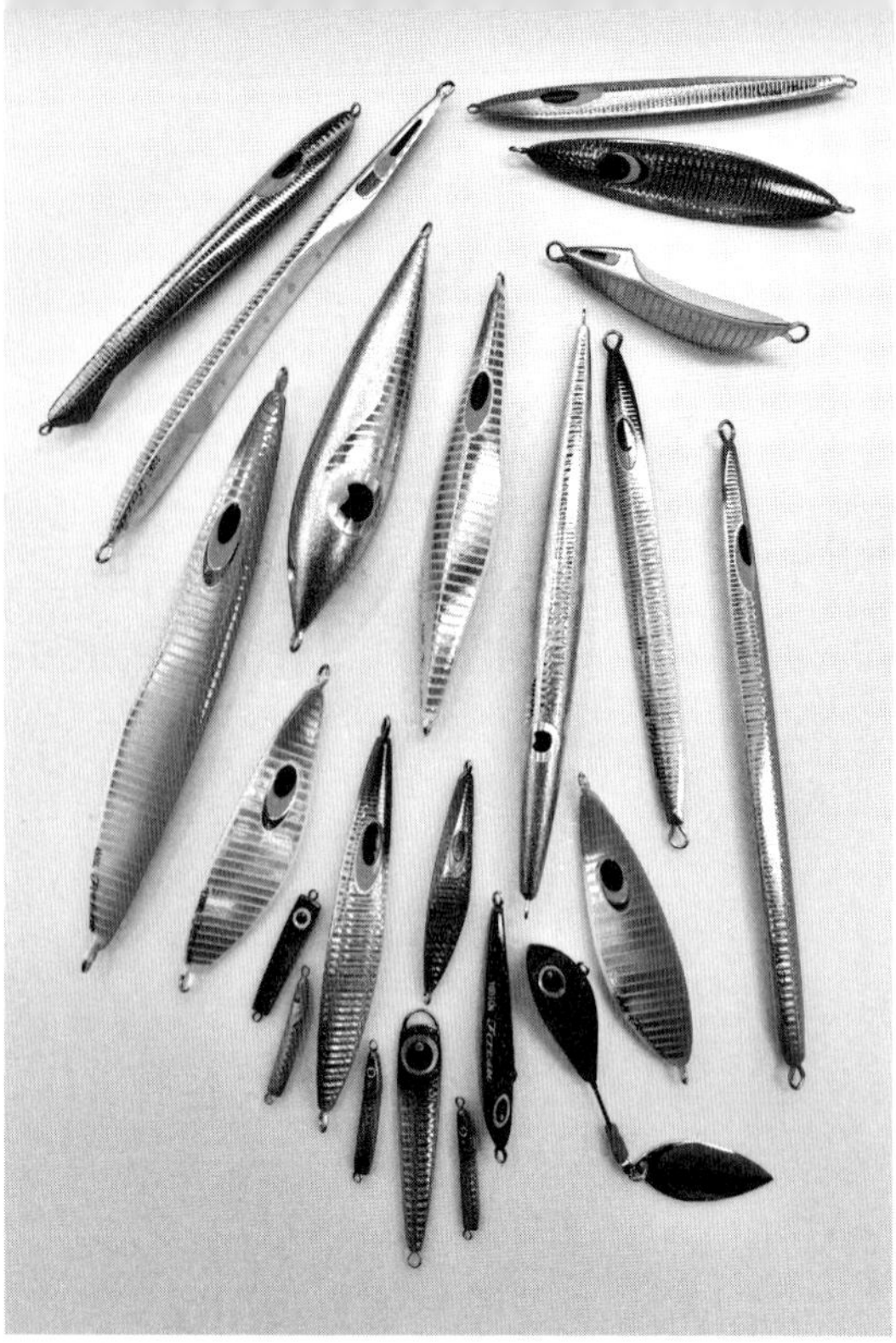

形状、重さ、色……。メタルジグにはありとあらゆるタイプがある

船上では数少ない個人の自由にて他人と違いを出せるのは、どんなジグを使うか、どこまで落とすか、どこまでシャクるか、どのタイミングで巻き上げるか、などになる。

個人的な見解だと、ジギングで釣れないのはよほど魚と縁がない人かと思う。流行りのジグを買うよりお祓いでもしてもらったほうが釣れるかもしれない（笑）。

冗談はさておき、船上では数少ない個人の自由にて他人と違いを出せるのは、どんなジグを使うか、どこまで落とすか、どこまでシャクるか、どのタイミングで巻き上げるか、などになるわけで、どちらかといえば釣り堀で考えるようなことが主な事項として挙げられるわけだ。

まあ当然である。ポイント選択は船長任せだからである。

ジギングというのはある意味修行的なところがある。多くの人と船に乗って同じようなタイミングでジグを落とし、シャクって巻き上げるあたりである。協調や調和を取るか混沌となっても自分の利を求めるか、とも言えるだろう。

人と違うことをやるほうが当然釣れるわけで、例えば落とすタイミングや巻き上げの高さやスピードで2回目以降を他人とズラすという方法。または最初からジグ自体を人のジグが泳いでいないゾーンにという創意工夫の動作などだ。シャクリ方が○○ジャークという日曜朝の戦隊モノのキャラが繰り出す技の名前みたいなのが付いているものもあるが、基本的にジャークはそこまで重要とは思えないところもある。

なぜなら近年電動リールによるジギングも増えており、人間ができない早巻きやそれに加えて生身の人間では難しいジャークタイミングでも大きなサイズの魚が上がったり手釣りよりもよく釣ったりもするわけで、基本的にお金を払って船に乗って楽しく魚が釣れる方法であれば、別に何々ジグとか何々ジャークとか偏ったものでなければならない、とはならないと私個人は考えている。

それでもジグはいろいろと考えて持参したり、ロッドがどうとかリールがどうとかいろいろあるのが釣りの常とは思うが、その中でジグについてその違いを若干説明しておこうと思う。

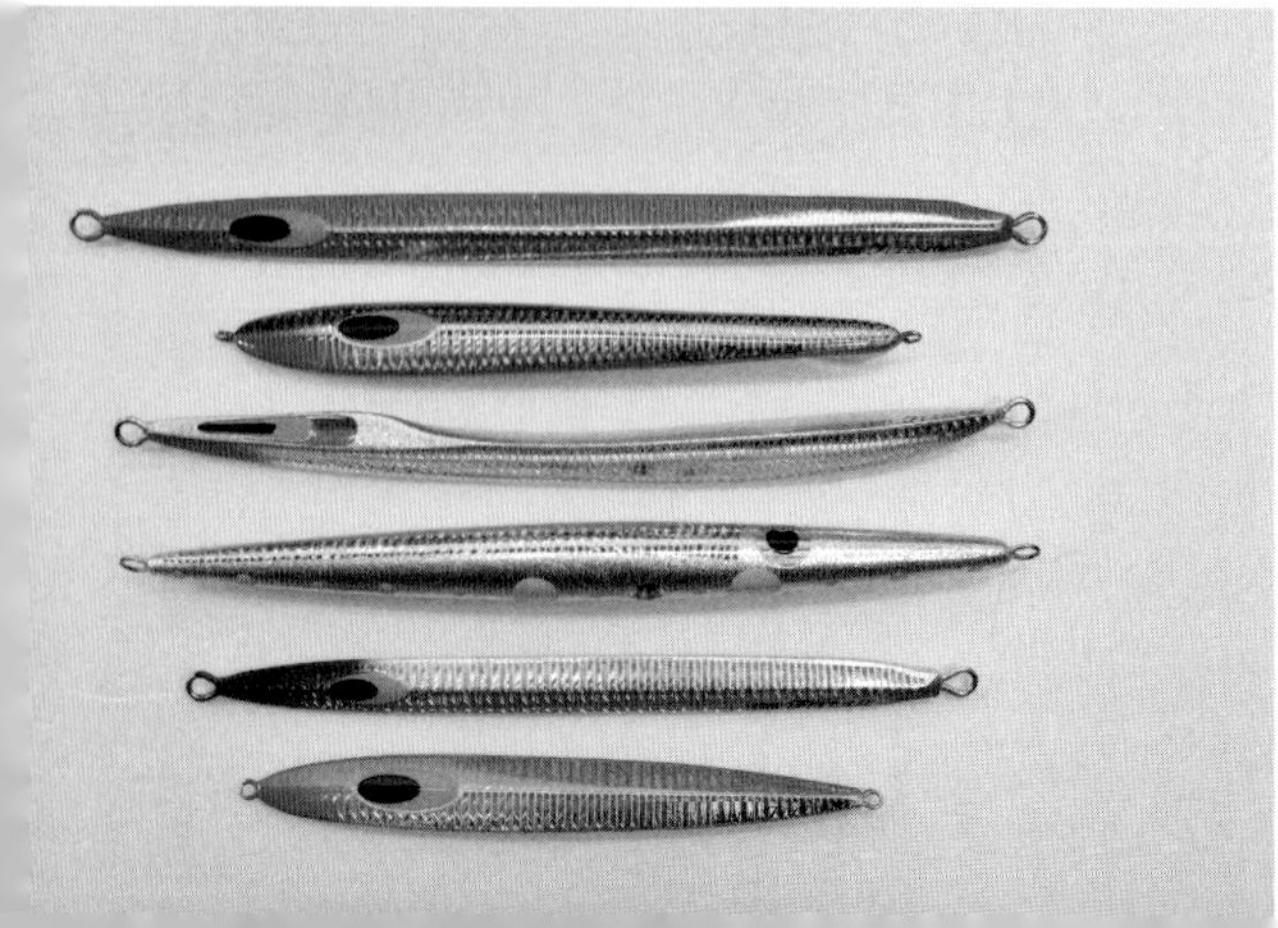

シンメトリー、アシンメトリー、厚みなどを変えることで動きが変わる

◉エッセンス

文頭で述べたように通常のプラグのように浅いラインでの使用がないことからボディーそのものは基本的に金属でできている。まあ大きく分けて鉄、非鉄金属、タングステンなどでアルミのジグも一時期あったが、そこまでいくとプラグとして作ったほうが飛距離、遊泳性能ともにいいものができるので基本ボツかと思う。

金属であっても当然浮力や水の粘性抵抗の問題から水中でバーチカルに素早く沈められるのは鉛やタングステンなど高比重のものになる。ただ、鉛といってもジグに使う鉛はアンチモンやスズなどの合金であるし、鋳造方法によってもその比重には重い軽いがある。

タングステンも同様に粉末樹脂成型等の場合と成型後の焼成等では比重にバラツキがあるのだ。とくに、タングステンはワイヤー部分（ラインアイ）を焼成で作ることができないので軽比重のナンチャッテタングステンではなく真面目な焼成品の場合、樽のようなボディーにワイヤー後付けの場合も多いのである。高額なのはそれなりのクオリティーということなのだ。

まあ、手返しの面から言えば通常は鉛程度であれば普通に釣りは可能である。高水温期に小さなジグしか反応しなくなるような時期だとタングステンも悪くはない。

次に形状だが、ルアーとはラインアイの方向に引かれることでボディー上を流れる水のヨレによって規則的、不規則的にボディーを揺らし、それらしく見せようとしているわけである。それが金属でできているのと浮力が働く水面の方向に引かれることによって通常のプラグのようにそれらしく動くことはない。そのため、時折ジャークを入れたりして適当にごまかす形になるわけだ。

ジャークするとどこがよくなるのか？

それは加速によって引っ張るラインを一時的に追い越して無負荷に近い状態になるので一時的に横を向いたり、強く引くことで過流が強くなってはためいたりして誘うことになりやすい。ジグは横を向くとアイ方向に引っ張りがなくなるのでその形状独自の動きを少しだけすることになる。まあそこがよいのか悪いのかは考え方の問題かと思う。

同船者の誰よりもいち早くジグを落とす。
これが釣果の突破口のひとつではある

基本的に、ラインを巻いたりロッドを強くシャクらない限り、鉛やその他の金属の棒は水中に突っ立ったままであることは間違いない。もちろん水流によってある方向に押されたり、ドテラ流しでジグが浮き上がったりした場合、ジャークしたときと同じくアイ方向に対して垂直側に水を受けるので回転したり不規則な振れが出たりするかと思う。

金属製という響きとは裏腹に、メタルジグは大型用から
小型用まであり、形状の自由度も実は高い

簡単に言うとスプーンを引いたような状態になるということなのだ。ただ、スプーンでは何十mも沈めるのに時間がかかりすぎるわけで、そうなると棒状の塊に近い形状と深さに対する重さ、即ちボリュームが必要になるわけだ。そうなってくると独特の動きというより着底が1番、動きは2番みたいなルアーが多くなってくる。先にも言ったがポイントに人より早く到達して動かすというのは釣れる要因としてはかなり大きい。

ジグを早く落とすには、最初はテンションを利かせ気味でジグが自由に横スライドしにくいように制御して、ある程度ラインを引っ張るようになったら完全にフリーで落とす。そうしたほうが幅の広い平べったいジグの場合は早く姿勢が安定して落ちるようになる。

　基本的なボートジギングは一斉に下ろして着底もしくは目標の水深からスタートするわけで、そこまでは早いほうが有利なのは間違いない。一旦着底すると各々の好きなペースでジギングが始まるわけだが、扁平ジグを使ったスローやハイピッチ、そして電動等いろいろあるが、私個人はスローをあまりしない。なぜならスローだと手返しが悪いからだ。ハイピッチで釣れるものをスローで釣るのは効率が悪い。低水温化やハイピッチが調子悪いとき、たとえば海底から表層までの温度層があって魚がある一定からルアーを追わなくなるなどの場合はスローに分があると思う。まあその日によって自分の引き出しの中にテクニックやルアーの傾向をちゃんと仕舞っておけば、憑かれたみたいに一日スローで通したりしないですむのだ。

　そんなロマンのないことを言いつつも自分でジグを作っているあたりが病気なわけだが、デザインにはいくつかの系統があり、それぞれに選択されている。ジグ選択の基準は、文頭の乗り込む船のことを踏まえ、さっさと底に着くこと、なるべく人より早く、より目立ち、頑張って操作し続けられるという三点かと思う。

　いいジグと思っても、継続して使えない時点で手返しは悪くなる。ジグを上下させる以外に釣る方法がなかったとしたら、ずっとそれを継続できるのが何より大事だ。

◉タイプ別特性

ロングフラット系

　ロングジグの二面が平面の物体で、幅はロングより広いけど薄い。小型のタチウオのような形。対称形と非対称形があり、ヒラマサなどの魚に効果があると言われている。水流で細かいフラッシングが起こりやすいことが関連していると考えられている。

特殊形状系

　ロングジグと扁平ジグ、スロージグの特性をある程度再現させるために、キールや部分的な弓形状などを採用して特別な形をしていてもそれらしい動きを出せるルアー。長いけどスローに動かせたり、棒状でありながら細かい回転が出るなど、ハマると使いやすく、釣りやすい。見た目で判断せず、食わず嫌いにならないほうがよい。

スロー系

　短くて太い扁平な形をしている。ティアードロップ型が多いが、基本的には回転するスプーンといった感じになる。それをなるべく回転しないような弱いジャークでフワフワさせるわけであるが、ハイピッチ釣法との対照的なメソッドとなり、タックルも二分化している部分が近年際立っている。キールが付いているか否かという違いはあるが、動きの強弱自体はキールがあるほうがよりよい動きになる傾向が強い。

ロング系

　水中を滑走しやすく、振れを抑えた形状。実はこの形状のジグはその動きの特異さとは裏腹に世界ではあまり使われないというところがある。ジギング文化的にジグはヒラヒラしているという部分を受け入れる人が多く、ただ滑走するだけのジグの使用自体は少ないのが現実である。日本特有と言っても過言ではないかもしれない。マグロなどに一部使われる傾向はあるが、好き嫌いが分かれる。ただディープになると落ちやすさからいち早く魚にコンタクトするし、やり方によってはゆっくりとヒットゾーンを通過できることから、熟練者には受けがよい。

丸棒型

　ロングからさらに派生した回転しにくい形状で、ボディーの振れ以外の動きがほぼない状態の

いろいろな主観が展開はされているが、使うジグが釣れたジグ、釣ったジグとなる。

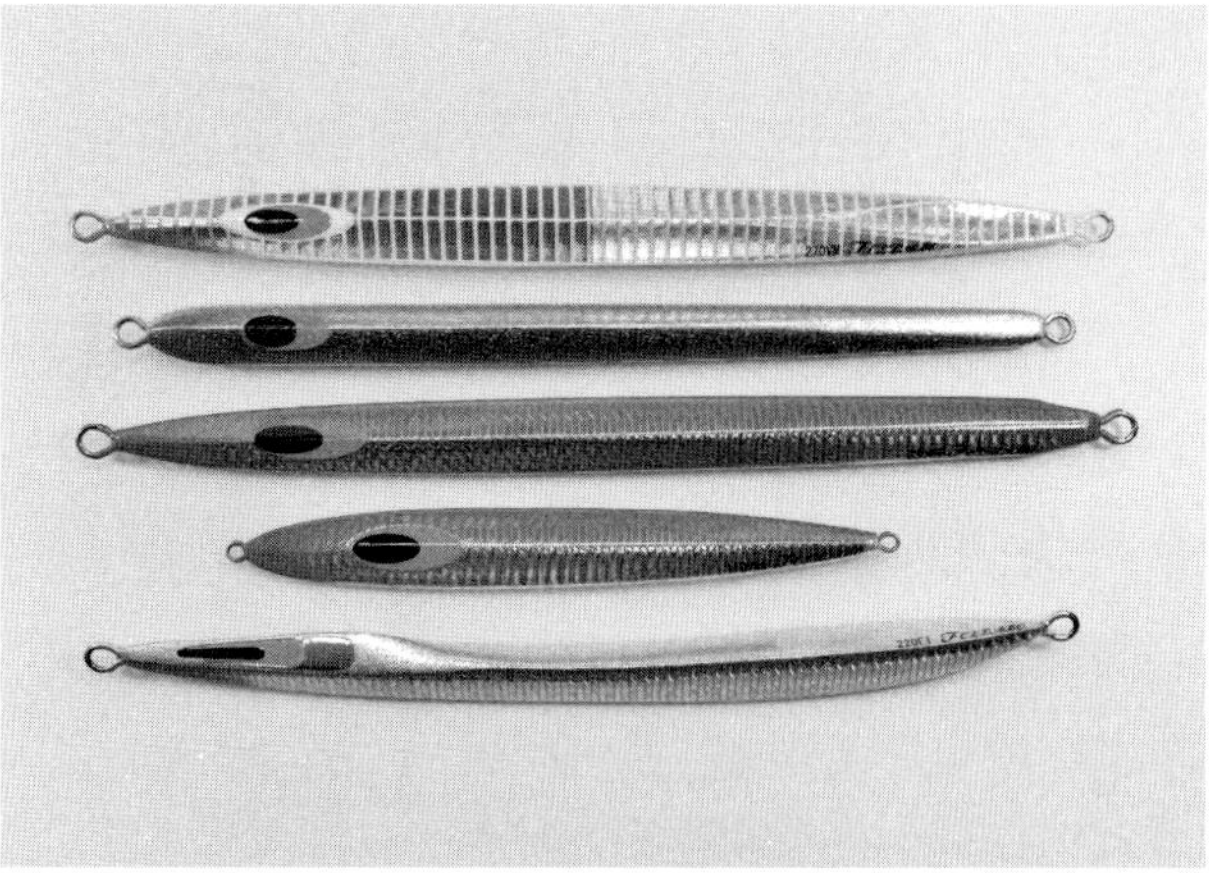

長いからといってすべてロングジグとして単純に語れない

ジグ。ここまで変わったルアーになると購入時の選択枠からもれやすく、購入にかなり勇気が必要になるが、実際には同じように魚は釣れる。回転したり、バイブレーションするほかのタイプに比べて操作抵抗が非常に少なく、沈降スピードは秀逸、タングステンに匹敵するスピードで落とせる。

また、円形の形状のため重さに対して見た目のボリュームを抑えられ、他のジグよりも小さく見える。このジグを作り出して数年経過しているが、他社からも同じようなジグが後発で出されていることからも、その効果は実証されていると見てよいだろう。ただし、このジグ自体の存在を認めてしまうと前記したように大仰に性能を謳っているジグの優劣に関する部分をある意味否定してしまうことになる。実際に結構魚は釣れる。どうかすると普通のジグよりヒットするという方向にもなってしまう。魚側からするとマッチ・ザ・サイズ的問題でのセレクト、大きさが合致していることからの優先的嗜好の場合だと思われる。

とまあ、現時点で私が実験や体験した中でまとめるとこういった感じになる。ただいろいろな主観が展開はされているが、使うジグが釣れたジグ、釣ったジグとなる。

その違いに客観性は非常に少ない。船ごとのデータも取っては見たが、同じジグであってもタイラバのようにゆっくり巻こうが傍から見て惚れ惚れするようなジャークをしていようが電動であろうが釣る人は釣るのである。

深く考えることは楽しいが、お金を払って船に乗って一日を楽しく過ごせればそれはそれでよいかと思う。狭い船内で点数競うカラオケ道場みたいな雰囲気の船ではなく、一日普通の魚釣りができる船であればそれでよいと思う。

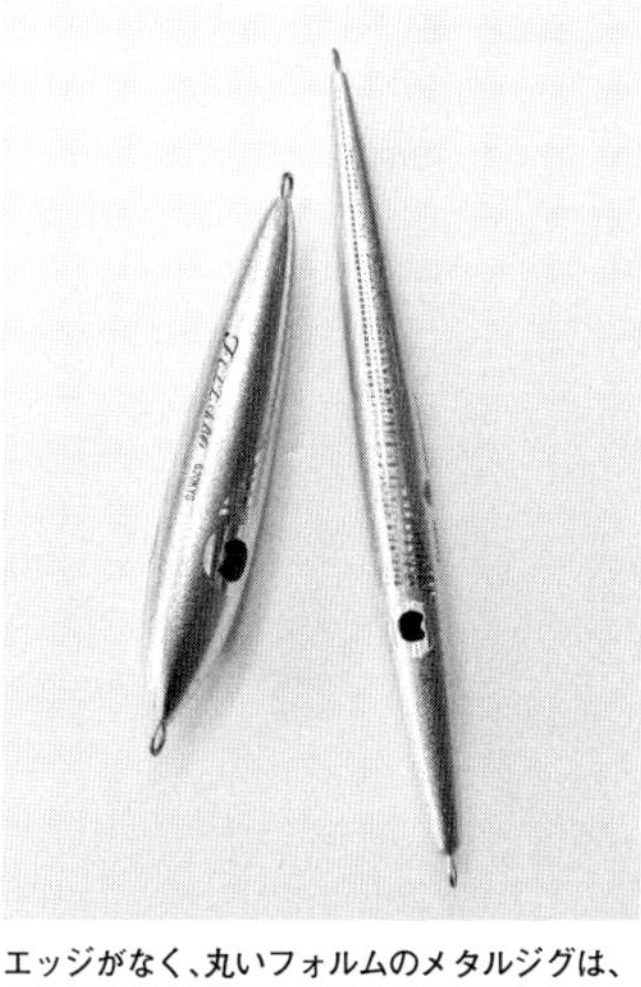

エッジがなく、丸いフォルムのメタルジグは、見た目のサイズに比べて重いのが特徴

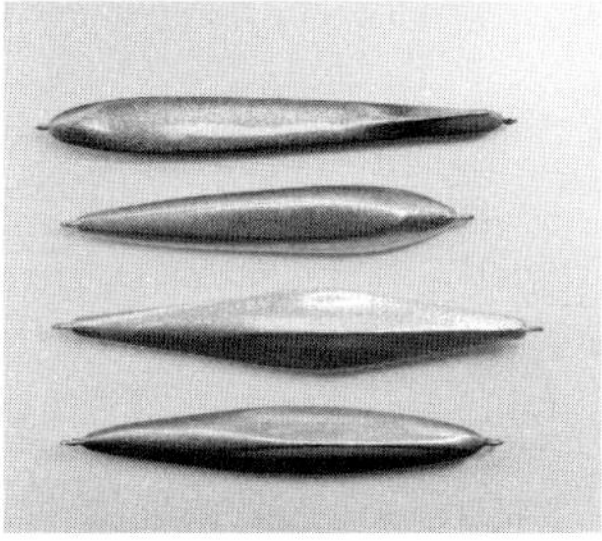

独特な形状のメタルジグ。シルエットと動きの点でほかにないタイプとなり、釣りに変化をもたらしてくれる

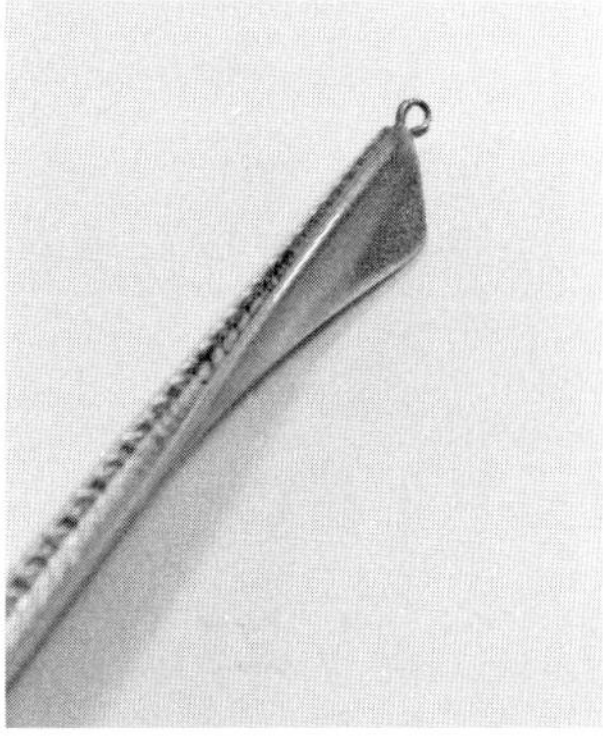

メタルジグの特徴はジャーキングの最中に形状本来の動きを見せるところである。テール部のキール形状は水を切り、姿勢を安定させる

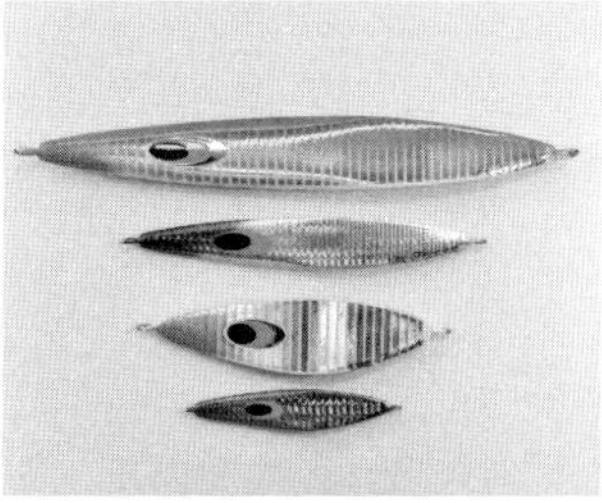

最近すっかりスタンダードになったスロージギング用のジグ。多くは扁平形状をしている

ライントフック、種類や違い

釣果を求めるなら無関心でいられるはずがない

人類が進化を遂げた背景には道具の誕生と発展が常に寄り添っている。と言っては大げさだが、釣り具もまた、材質や形状で反応や動きに大きく差が出てしまい、結果に作用してくる。実は、これはスキルの向上にも関係するため、無視しないほうがよい。

◉ラインについて

私もこの世界に入って長いので最初は当然ナイロンラインからスタートしている。ＰＥラインが脚光を浴び始めたのは、よつあみ社の磯ハンターという商品あたりで、今から35年前あたりだ。それでもしばらくは浸透に時間がかかっていたため、さらにそこから10年以上、メインラインは依然としてナイロンだった気がする。

いずれが優秀かといえばやはりＰＥかと思う。

魚が泳ぎにくい、フッキングの完成が早い、強度に対するラインの重量がナイロンやフロロに比べて軽い点が大きく違う。

魚の泳ぎにくさに関しては、魚は胴体に口がついているわけで見た目にもそんなに自由ではない。そのため、体を曲げて泳ぎに繋げようとするのだが、ＰＥだとその首振りを抑えやすいわけだ。もちろん、首振りの動きはアングラー側にガンガン伝わるわけだが、伝わるということは魚の泳ぎの邪魔をしているわけである。ナイロンを使用していた時代よりファイトタイムは大きく短縮したと思う。

フッキングの完成が速いのは次のことから言える。

ナイロンは10ｍあたり1kg荷重で60cm伸びる。たった1kgでそれだけ伸びる。40ｍキャストしてフッキングの瞬間圧が2kgだったら5ｍ以上も伸長することになる。それもラインが真っ直ぐの場合であって、弛んでいたり、流れてU字になっていたらもっと長く引っ張るわけである。

最近は低伸度ナイロンもあるが、本来低伸度であるフロロカーボンでも太さ12Lbで10ｍに2kgかけると70cm以上伸びる。

それからすればＰＥはほぼ伸びがないレベルだ。魚が食いついたあと、ハリ先が肉に食い込む

フッキングパワーを分散させず、ハリ先の一点にいかに素早く集中させるか。そこを追求すれば、ラインやフックにも目がいく

まで水中で微動だにしていないと真面目に信じている人はいざしらず、例えば2kgでフッキングしようとした場合、ジワジワと引っ張るナイロンやフロロなら、魚体が大きければある程度、小さければあっという間に魚は引っ張られるわけで、違和感を覚えてハリをいち早く外そうともがくだろう。魚が動くことでさらにフック圧の上昇は遅くなり、結果的にフッキングに至らないケースも発生するかと思う。

　どうだろう？　フッキングを意図的に行なう場合、ハリ先に掛かる圧力がジワジワかほぼ一瞬かのいずれが物理的に有効か。さらに、クッション性の高い軟らかいロッドを使えばどうなるのか？　もはややわかるだろう。

釣りのジャンルや対象魚、サイズなどでふさわしいタックルバランスというものがある。ロッドとリールとルアーだけで話がすむはずはない

いずれが優秀かといえばやはりPEかと思う。ナイロンは10mあたり1kg荷重で60cm伸びる。たった1kgでそれだけ伸びる。

メインラインはPE、ジギングなどのバーチカルな釣りにはフロロカーボンリーダー、プラッギングにはナイロンリーダーというのが現在のスタンダード

◉フックについて

フックは最重要パーツ。魚を連れてくるのはルアーでもリールでもロッドでもなく、まずはフックだからである。ライトラインの釣りをして相当勉強させられた。

　現在は、化学研磨とコーティングによって鋭く肉に食い込むフックばかりで、昔のようにフックは基本的に砥いでから使うというものではなくなった。さらに、現在は早掛けが主流となっている。このタイプはシャンクに対してハリ先が平行に出ているものを指し、刺さるというより肉を裂きながら食い込むので、掛かりは速いが割とバレやすいかなと思うところもある。

　基本的にハリ先はフトコロの空間を狭めるように内側に巻いているもののほうがバレにくい気がしている。

　フックを定義づけるとすれば、引っ掛けるように刺す系統か貫通力を意識して刺す系統かの2つになる。トレブルフックの場合、ハリ先は3つ、それが2～3個付いているわけで、絡め取るというニュアンスでは、複数個のフックが使えるのであれば早掛けタイプがよいかと思う。これがスイムジグやミノージグ系のリアに一箇所のタイプの場合はそうはいかない。このタイプのルアーには横から見て玉ねぎみたいなシェイプをしたハリ先が環（アイ）の方向を向いた、深く刺さろうとするタイプのフックのほうが外れにくくなるかと思う。とくに重量のあるシンキングミノー、メタル

ハリ先が肉を捕えるまでに要するモーメントを確かめようとしているところ

ジグ、メタルバイブやバイブレーションの類に搭載することが多い。これらは重量によって魚のヘッドシェイクやエラ洗いの影響を受けやすいからだ。

　私がもう一点気にしているのは軸の硬さである。軸が硬いとフックは外れにくい。

　これは間違いない。逆に言えば、軸が軟らかいとフックは外れやすくなる。ハリ先の貫通を考慮してファイヤーワイヤーにする人も多いかと思うが、理屈も解りるしひとつの考えかとも思う。使う場合、焼きが硬いもののほうがその効果は高いと思う。

　どういうことか？

　木の棒や木の枝に故意に引っ掛けてフックを外す練習をたまにやる。とくにジャングルに釣りに行く前によく練習する。バーブまでしっかり刺さったフックも70％のリカバー率で外せる。私のオーストラリアのバラマンディ釣りの師匠は90％という驚異的なリカバー率である。まさにびっくりのパフォーマーである。

　フックの軸のバネ性、リーダー、ルアーの重さでラインを鋭く弾いて外す。上手と下手では雲泥の差が出る。リールのインフィニットに過大な負担がかかるくらい鋭く行なうため、本番以外はボロいリールでやったほうがよい。

私がもう一点気にしているのは軸の硬さである。軸が硬いとフックは外れにくい。

その練習をやっていると外れにくいフックが出てくる。それが硬いフックだ。もちろん太軸でもよい。軸が曲がりにくくて軸に対する肉かきの圧力が分散するタイプが外れにくい。

　業界にはフックに対していくつかの考え方がある。折れるぐらいなら伸びるというフックと伸びるぐらいなら折れるというフックだ。バレにくいのは後者だと思う。魚がバレたときのフックは大抵どこか曲がっているということでも理解できるかと思う。

　近年はフックの先端部がやや小さく細くなった。刺さりやすさの追求か、カエシもかなり小さい。私的にはカエシは大きいほうがよいと考えている。二段になっているならなおさらよい。早掛けフックの場合、ハリ先とバーブで切り裂くかたちでフッキングする傾向があるので、ハリ先側に滑るようにフラット形状にしておくほうがよいかと思う。ネムったフックならその限りではない。

　ダブルフックや四本フックなど、フックもさまざま出ている。目的に応じて使い分ける人もいるかと思うが、定番はトレブルフックだ。トレブルとはいっても、基本的にシングルフッキングする可能性が高いフックである。各フック間の開きは

120度あり、2個のハリ先が掛かる可能性は、唇や目玉などボディーの柔らかいデコボコとしたところの場合が多い。

私は2個のハリ先が掛かることをよしとしない。例えばライギョ用等の二又フックの開きは90度程度が多く、どちらかと言うと外れやすい。もっとも、軸が太く、強引にやり取りするし魚自体のファイトの特性から魚は一応上がりはする。

同様に十字フックもその傾向はある。なぜなら魚は動き回るからで、フックに対する体の向きはフッキングした時と常に同じとは限らない。180度違ったりもするはずである。一本バリの場合、その動きに追従しやすいかと思う。しかし、ひとつの軸から複数のフッキング箇所がある場合、軸が引っ張られる方向によっては一方をえぐるようにフックが動く。例えば、片方が骨で止まっていて、片方が肉に刺さっているような状態で魚が動き回ると不利な状況になりやすい。そうした場合は低テンションのファイトでなんとか切り抜ける必要がある。

その点を踏まえるとシングルフックがいいのでは、という話になるが、そこは微妙。ひとつはシングルフックのバリエーションがなさ過ぎる。基本的にハリの大きさはボディーとのバランスで決定する。割と大きいフックを付けないとバランスがおかしくなり、バランスを取ろうとして2個付けにするとトレブルよりも重くなったりして不満も多くなるのが現状である。トレブルフックは1軸で3つのハリ先なのに対し、シングルはそれぞれに独立したシャンクがあり、複数付けると重くなる。

トレブルが弱いとかいろいろあって、丈夫さを求めるがゆえにルアーのバランスに影響が出ることに陥っている。現状でシングルフックを使うなら、ミミ付きの軽いハリをアシストの要領で使うほうが軽量化とハリ先の増加はできる。

それとシングルフックは特性上、フッキングしにくい問題もある。

シングルを付けたルアーとトレブルを付けたルアーを手で握ればすぐに感じるはずである。トレブルはしっかりとハリ先が表に出ているが、シングルはボディーに沿ったようになっているはずだ。そうなるとフッキングの観点からはトレブルのほうが圧倒的に確率は高い。要はその後のフックオフの問題。これをどこまでフックのせいにするかで好みが分かれると思っている。

片方が骨で止まっていて、片方が肉に刺さっているような状態で魚が動き回ると不利な状況になりやすい。そうした場合は低テンションのファイトでなんとか切り抜ける必要がある。

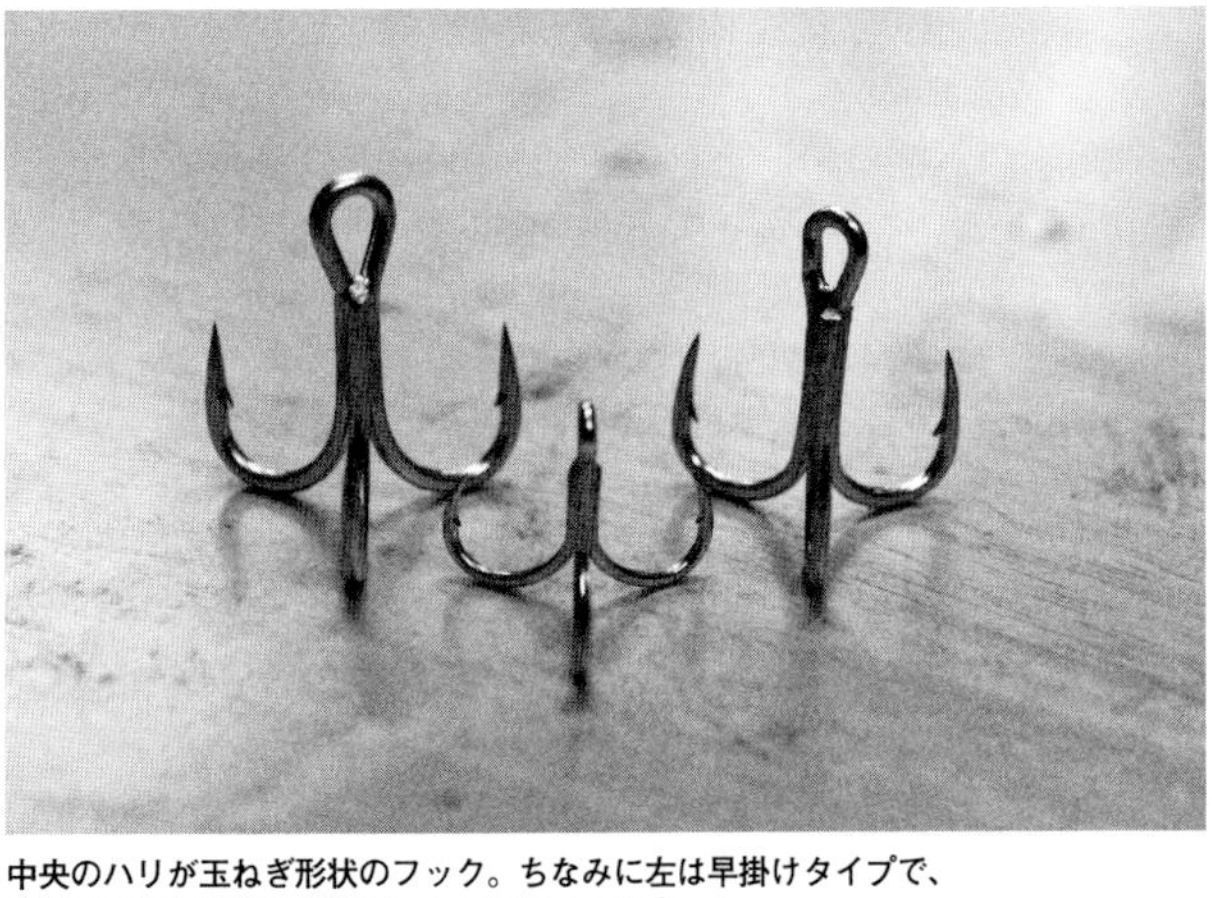

中央のハリが玉ねぎ形状のフック。ちなみに左は早掛けタイプで、右は多少内側に向いて貫通しようとするタイプ

ひとつの軸に対してひとつのハリ先のシングルフックは、基本的にジギングで使用している。バリエーションが増えればプラグへの使用も現実的になるかと思う

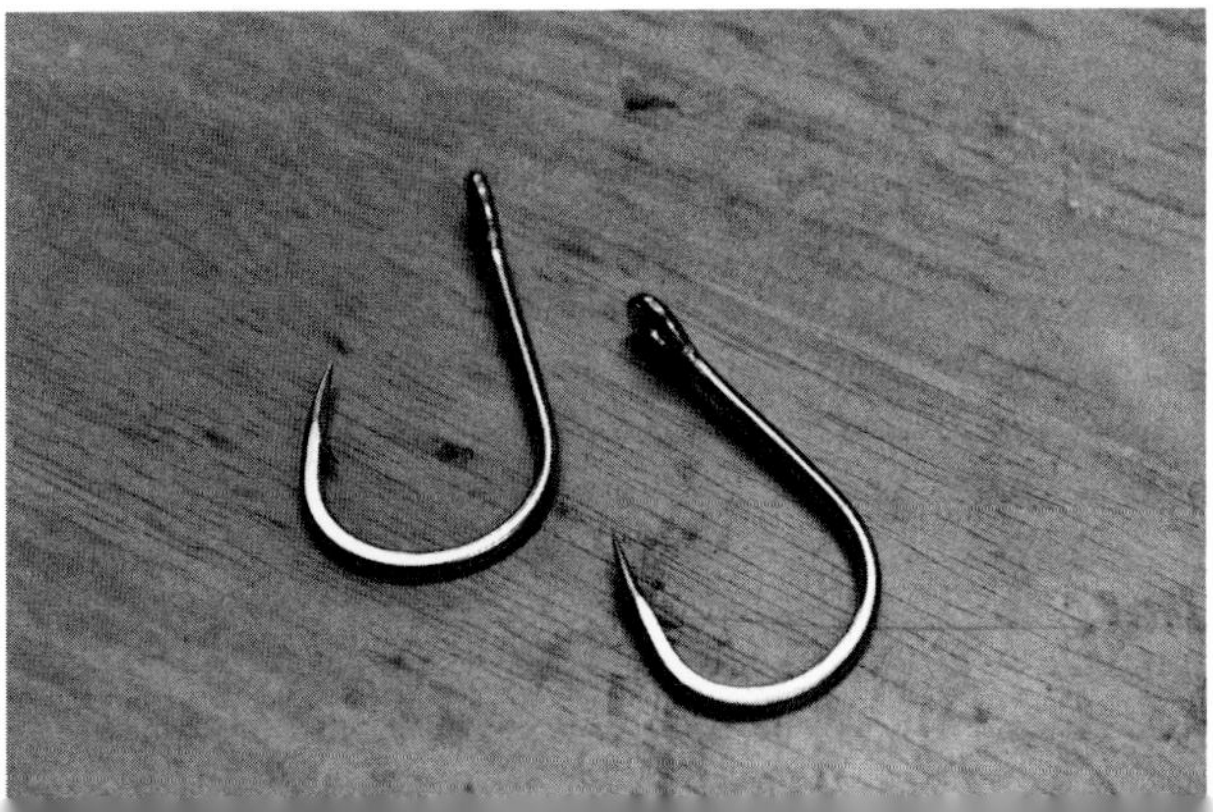

私が思う道具の名脇役

名品は数あれど3品に絞るならば……

タックルとルアー以外の道具、例えば偏光グラスやラインカッターなどをターミナルタックルと呼ぶが、これらの中には、あると大変便利なもの、ないと釣りが続行できないものなどさまざまある。ここでは、使うと大変便利なものと命のために用意したほうがいいものについて記したい。

◉テーパードリーダー

キャスティングのトラブルが嫌いでロッドガイドにこだわるなど、いろいろな人がいる。ルアーの場合、メインラインの先端部を補強するというシステムを用いる関係上、絶対に避けて通れず、それでいて実のところキャスト時の衝撃やトラブルが嫌でリーダーが30㎝なんて人も結構多い。

私も昔々4Lbラインクラスのヒラスズキをショアからエントリーするにあたって、長いリーダーシステムを考えることがあったわけで、その時に導入したのが投げ釣りの競技会やサーフの釣りで使われていたテーパーラインだった。

フライのテーパーティペットの3X-0Xを逆に繋いで先端をリーダーとして使うことでスムーズなガイドの通りを実現したことから4Lbラインでのファイトのリーダーとしては非常に優秀で、当時のそこまで硬くないロッドでも向かい風の中でガイドとの干渉もほぼなしで釣りができていた（編集部注：当時のIGFAのヒラスズキレコードを獲得した）。

基本的に結び目があると、その結び目の比重差がガイドとのトラブルの原因になる。

例えばヒラスズキには10号から15号あたりのリーダーを使う。10号だとそこそこ。衝撃は少ない。が、15号になるとガガッと当たるし、青ものが回遊して先端を80Lbにするとさらなる衝撃が伝わる。これに横風が強かったりすると最悪である。

それを考えると思考はリーダーを短くという方向になり、スピニングはきつくなってベイトタックルに変えたりする、なんてことになるわけである。

通常、ストレートリーダーでトラブルなく投げたい場合、同じポンド数に落とすやり方が一般的である。

例えばメインラインが40Lbならフロロ40Lbというやり方だ。こうするとトラブルは抑えられやすい。

だが、先端に対する不安要素は拭えない。ここを解決できるのがテーパードリーダーで、近年また売られるようになった。絡みにくいと謳っているガイドシステムに変えようかと思いを馳せることに比べれば、これを使うほうが圧倒的に即戦力であり、実際にその役目を果たしてくれると思う。本書が出る2018年中には販売されているだろう。

私自身30～70Lb規格のテーパードリーダーを3年ほど使用し、非常に重宝している。

青もの用の規格（私的にはここが大事）、大型青ものやGT用もおそらく販売されるはずだ。それによって結び目の暴れは最小限となり、より記録魚への道も間近になると考えている。

まさに時代は繰り返すのだが、これによってロッドやガイド、リールシステムに頼っていたキャスティングの問題は、ある意味一応の決着を迎え

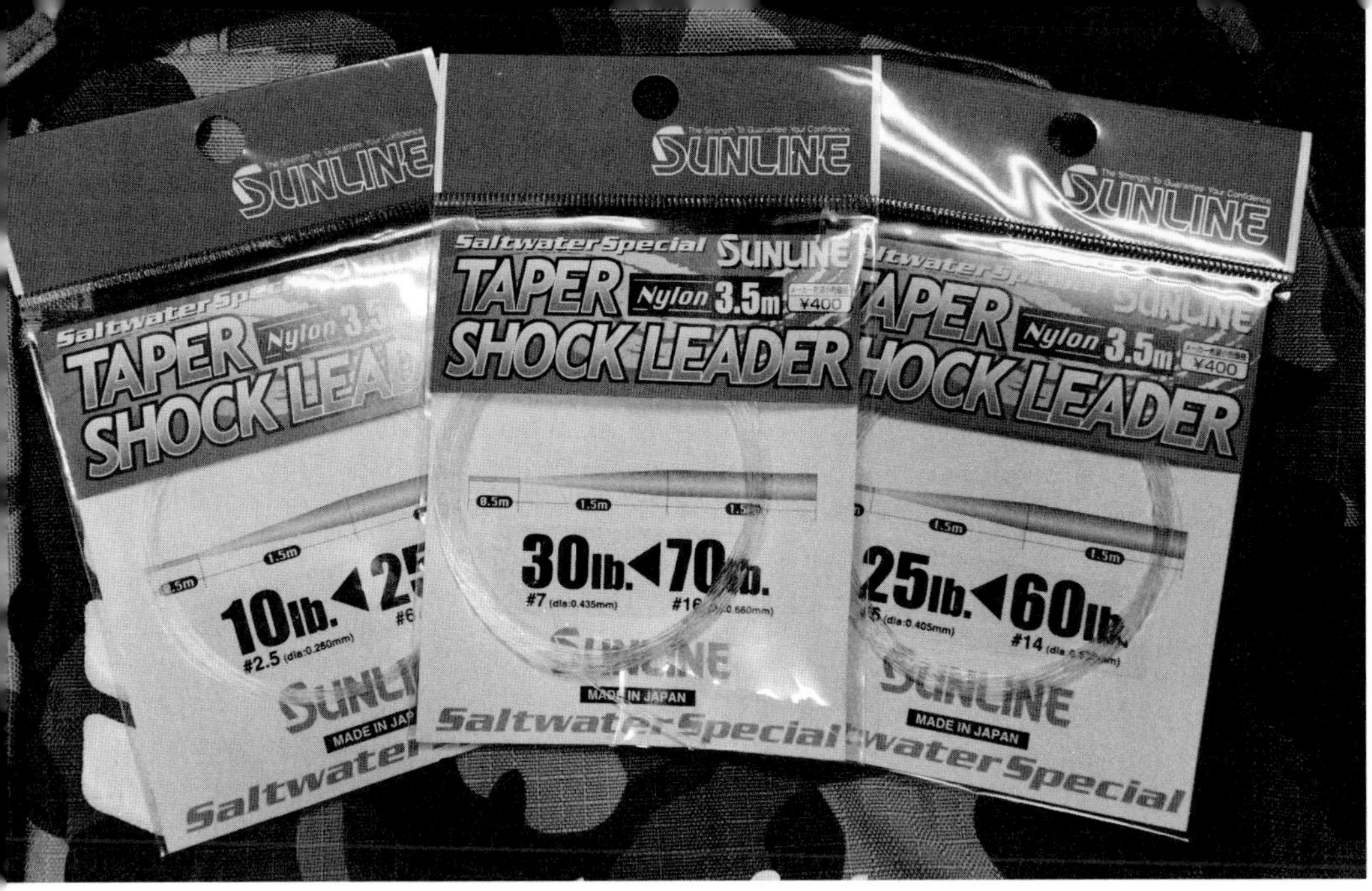

◀テーパードリーダー。真ん中の30～70Lbはヒラスズキや青ものに、左の10～25Lbは渓流やクロダイに使っている。25～60Lbはシーバスやメッキあたりに合っているかと思う

▼目下、30～70Lbというのを最も使っている。今後はこれよりも太い号数が出るとは思う

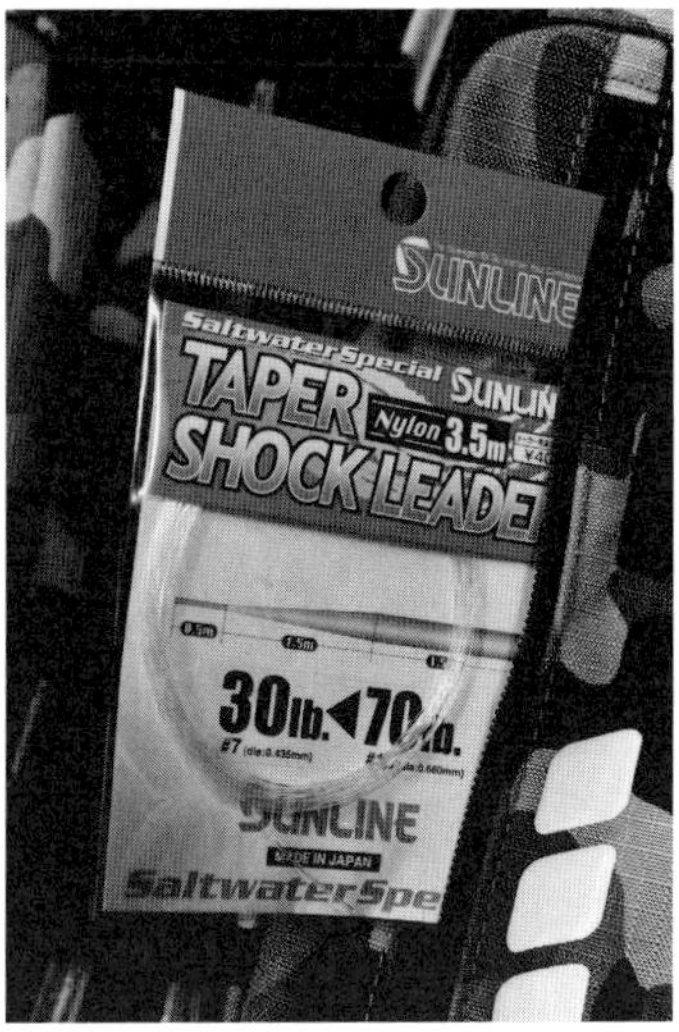

ると考えている。

　まあ、その不均一な性能が気に食わなくてストレートリーダーを使い続ける人もいるだろう。確かに、それも一理ある。もっとも、ノットがガイドに干渉すれば、それ自体は基本的に弱くなる。

　例えば30～70Lbを使って15kgのドラグでファイトする人はいない。30～70Lbだとヒラスズキや大きくて10kg以下の青ものとなり、2.5号のメインラインがこなせる仕事はせいぜい4kg程度のドラグまでなので、30％以下しかその機能を使わないことになり、そんなに気にする必要があるのか疑問である。

リーダーの素材的な部分については、基本的にリーダーとしての役目は、魚の歯や石やカキ殻等の鋭利なものとの擦れからラインブレイクをしないように補強するところなので、ある意味丈夫である必要が出てくる。

　擦れという部分においてなら迷わずフロロカーボンと思う。理由は硬度。ナイロンもカチカチのものがあれば同じかと思う。

　通常のラインで言えば、同じ50Lbだとフロロのほうが遥かに擦れには強い。

　ただ両方共にハサミで簡単に切れるので、基本的には鋭いものに擦れれば切れる可能性は両方にある。つまり、絶対ではない。ただし、ブロックなどに擦ったりしてテストすると擦れに対する強さの違いは1.5倍ほどあるので、直線強力を除いてナイロンで50Lbといえばフロロで30Lbくらいのポテンシャルしかないということになる。

　また、先に述べたキャスティングのシステムの衝撃の問題もあり、単純に強いほうを選択できない部分もある。システムの抜けは、ナイロンとフロロではナイロンのほうが圧倒的によい。GTなどはナイロンが多いのはそのせいかと思う。

テーパーラインは昔からあるから、えぇ……と思うかもしれないが、テーパードリーダーはガイド抜けの衝撃を気持ちいいほどに抑えてくれる。

◎フィッシュグリップ

釣りの便利グッズはいっぱいあるが、これやな、と思うのがフィッシュグリップである。

登場後、あらかた一般化しており、魚の外側を掴むものや口を掴むものが主だが、何回となく魚とルアーを介して手を繋げたことのある私には非常によい道具かと思う。

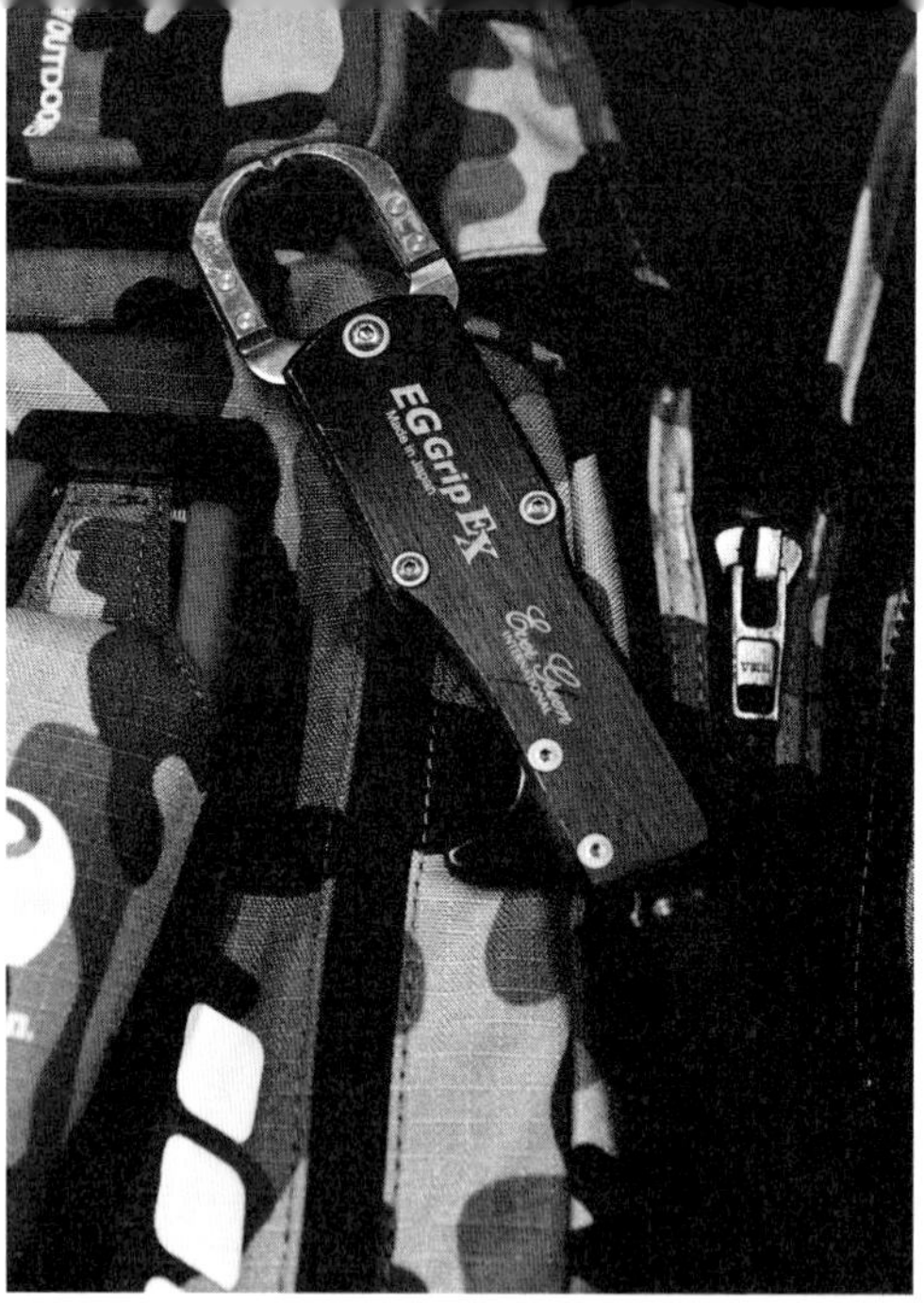

魚の口にねじこみやすくてロックがしっかりしているのがいいグリップの条件。使ったあとは真水の流水で流す程度である

一般化したグッズだが、手の延長のように使えて心底便利だと思う。

仕事柄、ルアーが付いた魚を写真で撮る必要があるため魚の口を持ちつつも魚の口にはルアーが付いているという状況であり、ちょっと油断していると手にフックが刺さって、なおかつ魚もぶら下がるという痛～い体験をするわけで、魚は暴れるわ手は痛いわという地獄を味わう。それをなくすことができる道具がこれである。

ヒラスズキや青ものなどでは、ずり上げ時、一時的に波が引いた磯からタッチアンドゴーで水のかからない場所に運ぶのにも重宝し、モタモタして波を被って事故という場面もかなり減り、安全面に貢献している。ロックが外れにくく、魚の口にねじ込みやすい形状が望ましい。

抜き上げ可能なら抜き上げ、無理ならネット、ネットの大きさが間に合わず、抜けないサイズでここ一番というときにもフィッシュグリップの出番がくる

◎ライフジャケット

釣りで死ぬとすれば、手がかりのない防波堤からの落下、磯からの落下、渓流の落水入水等だろう。漂流による低体温などを挙げるとキリがないが、要するに溺れることが主原因で、あとは高いところからの地面への落下である。海外だと動物に食べられるというのもある。

とくに、増水やシケが釣りの好条件となる傾向が普通に転がっているので、趣味に命をかけないのであれば、そのあたりはちゃんとしておくべきかと思う。

ロックショアもオフショアも、ともにライフジャケットの装備が定番化し、渓流釣り等の川の釣りを除いて標準的に使っている人も多くなってきた。

ロックショアではウエーダーにライフジャケッ

▲ヒラスズキはてきめんにシケたときのほうが釣りやすくなる。死なずにすむ配慮もあってしかるべきだ

トというスタイルも多い。そこでの留意点は、チェストハイ系統のウエストでベルトを止めるウエーダーは、転倒すると足側が浮いて頭が下がった姿勢になりやすく、自動的に溺れる感じである。

それを踏まえるとウエットスーツ等のタイツタイプも近年標準化しつつある装備といえ、ライフジャケットにウエットスーツの併用が多くなっている。

ここでもう少し考えておきたい。

大抵のライフジャケットは浮力が7kg以下であり、しないよりはしたほうがマシ程度と考えるほうがよい。なぜなら私のライフジャケットだと、すべてを収納した状態だと空気中で7～10kgは普通にあり、ライジャケがライジャケの意味を果たしているのか疑問である。海に落ちたらポケットの装備品は投げ捨てないと浮かないかもしれない（笑）。

傾向として気に入ったモノはずっと使い続ける

ヤブ漕ぎやヘツリなどのハードな釣行にはボディーを締め付けるタイトなタイプのライジャケを使うようにしている。

ポケットは少なめが定番である。元々10個くらいしかルアーを釣り場に持っていかないため、少ないほうが動きやすく、まるで歩くタックルボックスのような状態で釣りをすると何かと引っ掛かり、微妙なところを飛んだりする際に引っ掛かってしまうと命取りになる。よって、いろいろ付いていないほうがよい気がする。

フロントのタックルボックス用のポケットもあまり飛び出さないタイプがいい。

とはいえ、釣り場のことが気になってたくさん持って行く人は多い。ならば、もしかして使うかも、というルアーは背中に仕舞い、表の部分には1ボックス程度でとどめてみれば釣りを考えるスキルアップにもなる。

また、浮力体やジャケットにジップオンできるバッグ、カヌーライジャケ、肩掛けのバッグ系等も要らないときは背中に配置させたり、手前の邪魔にならない位置に変えられるため、便利かと思う。

増水やシケが釣りの好条件となる傾向が普通に転がっているので、趣味に命をかけないのであれば、そのあたりはちゃんとしておくべきかと思う。

ヒラスズキ釣行ではウエーダーにライフジャケットというスタイルが多い

結びや連結について

どう繋ぐかはある意味で生命線である

魚と勝負するのが釣りだが、純粋に魚だけを掛ける釣りは少なく、実際は時間と闘い、障害物とも闘っている。ということは、素早く釣りに復帰でき、釣り始めと同じ状態を継続しつつ、魚に勝てる強度を保つことのほうが堅実と言える。

◉無駄な強さ

メインラインとリーダーの結びやフックとルアーの接続は魚と自分を接続する重要な部分である。しかし、釣りの最終目的は魚を釣りあげることにあることから結びを俯瞰すると、強度一点張りの尺度で処理するのは危険であり、不便にもなる。

例えばメインラインとリーダーの結束は、既に優れた研究者によって強度の強い結びが開発されている。たしかに100%の結束強度のシステムで魚が掛かるならそれは安心できるだろう。が、しかしどうだろうか。ルアーフィッシングはラインの表面やリーダーの強度が、新品から時間の経過とともに強度を失うという避けられない特性がある。

根掛かりなどの場合、新品であるライン強度を100%使って、それをどこかで破断させる必要が出てくる。ライン強度いっぱいいっぱいで引っ張るわけだが、そうなると基本的にラインはどこかで切れようとする。それは、製造上やや弱い編み込みの部分やスプールに巻く時の引っ掛かり、バックラッシュをほどいた際にできた傷、隣人とオマツリしてフックのバーブ等で付けられた傷などの部分に集中するわけだ。

仮にまったく傷がなくても、その根掛かりを切る行為を繰り返すことでライン全体の強度は弱くなるだろう。そう、まず考えねばならないのは自分がいま行なおうとしている釣りの内容に合ったノットやスプリットリング、フックの設定が必要なのだということなのだ。

釣りに対して自分が求めている歩留まりを考えたうえで行ないたいという意味である。

根掛かりが頻繁で、回収に行けないような場所やシチュエーションであれば、ライン強度より弱いリングやフックを使用することで大事なルアーを失う機会を低下させることができるし、最強の結びからすると70%ほどの力で切れるが、安定して素早く組めるリーダーシステムを使うほうがラインそのものの劣化を防ぎつつ、一日を均質な状態で釣りを行なうことができる。

私個人はFGノットを使用している。エンドノットと最初の締め込みをやや変化させてはいるが70～80%で切れる設定だ。私が嫌うのは、その日そのタックルで釣りが継続できなくなることである。ジギングをして水深100mで根掛かりし、根掛かりを切る棒でいっぱいいっぱいの力で切ろうとしたとき、そのラインテンションがマックスの状態で根掛かり切りのすぐ手前で破断したり、やや滑って傷がついた場合には、次回から

ラインを傷める原因はいたるところに転がっている。釣りが継続できないトラブルだけは避けるようにしたい

メインラインのどこを傷めるかわからない結びよりも、計算できるほうを選びたい

大切なのは釣り場ですみやかに、そして強度にムラのないように結べることである。ただし強度という数字だけで結びは片付けられない。なぜなら、ロッドやラインを束ねておくリール、ガイドとの摩擦といった複合要素があるからだ

のそのタックルの釣りの状況は大きく変化するわけである。

これは根本的によい状況ではない。

これなら先端のリーダー結束部で切れるほうが釣りは継続しやすいのである。

フックやスプリットリングもそうである。

本書では折りに触れているが、釣りの最終目的は魚を釣ることであり、基本的にいつでも獲れ獲れをねらっていると述べているのは、別に命を懸けて絶対的な釣果を求めているわけではなく、釣果を得るために魚を理解しようと努めているという意味であり、状況は正確に把握できるほどよいわけである。

そうであるならまずは学習することが必要である。

ノット、フックやリングの強度等はある程度理解しておく必要があるし、使い分けていくことも必須となる。

釣り自体は己と魚を客観的に見ることから始まるわけで、ルアーをはじめとする道具や蘊蓄に妄信的に依存することは好ましくない思考法なのだ。

それを踏まえると、ノット、フックやリングの強度等はある程度理解しておく必要があるし、使い分けていくことも必須となる。

私がこのパートで一番重要と思っているのは、それを再度釣り場で作るスピードである。長い一日を釣り場で過ごしても、その時合は短いものである。そのため、魚とのコンタクトのチャンスをルアー交換やシステムの組み直しで潰すのは本末転倒だと思っている。

キャスティングにおけるシステムも同様であり、どうしてもシステムの前後のラインは傷みやすくなる。そのため、定期的にシステムを組み直してもストレスやタイムロスにならない方法を身につけるのが優先事項だ。

魚をたくさん釣っていくときもドラグが出る際にスプール上でラインがラインをこする形になるので、基本的にラインは使うほどに釣るほどに弱くなるわけである。

それを踏まえれば、根掛かり切りにおける100%の強度負荷にはほど遠い低いテンションで釣りを行なうのが現実的な着地であって、100%のノット強度など必要であるはずはない。むしろ、それを行なう人はラインメーカーを始めとする業界の人々を喜ばせているともいえるだろう。

◉現実的な強度

結びについて実際に数字の話をすれば、ジギングなどでよくある号数のPE4号、60Lbのラインで試すと、ライン強度約30kgが100%である。だが、実際にこのクラスのラインで釣りをするのは10kg程度までの魚のはずである。

ベイトのスロー系タックルならもっといくとは思うが、スピニングタックルならそれがマックスとなる。さらに、実際にかけるドラグは、このタックルを使うリールのサイズを考慮するとマックス8kgキロ以下というのが現実である。私なら5～6kgマックスというあたりだ。それ以上にテンションをかけた場合、スピニングならリールのスプール上でライン同士が擦れるためにラインの劣化が著しく早くなる。理由は激しく毛羽立つからで、実際のところ、大ものを8kg以上かけてファイトするならいいところ2～3尾である。換言すれば、強度表示では見えてこない酷使を強いることになり、過酷なファイトをするとラインはすぐに使いものにならなくなる。以後高切れが続発する。

ベイトだとそこまで消耗しないが、とはいえ食い込みなどは起こるのでまったく無傷ということはない。そうなると100%のノットはどこで活きるのだろうか……という疑問に行き着く。

そうなったとき、システムや結びなどで、まったく無意味な数字にこだわっているだけに見えてしまうのである。

過酷なファイトするとラインはすぐに使いものにならなくなる。

釣りにおける時合は短い。ナブラなどは一瞬で消える可能性が高い。そんなときにいくら強度に優れようとも時間がかかりすぎるノットでは自らチャンスを潰しているに等しい

できるだけルアー本来の動きを追求してしまうのは、ルアーデザイナーの性分ともいえるかと思う

◉ルアータイイング

リーダーとルアーの結束における部分もルアーの動きに大きく影響する。もちろん、ロッドの硬軟でも動きは大きく変わってくる。

普通の釣り（大型魚とのパワーファイトではないレベルという意味合い）の場合、小型のスナップが手っ取り早い気がするが、ルアーがなくなる可能性が高くなる。

対象がサワラやシーバスのように鋭くアタックしてきたり、思いきり噛む魚の場合、スナップは開いてしまうことが多い。

ルアーの動きにおいて私が選択するのはフリーノットやループノットが多い。スナップやリングはそれ単体で重さがあるわけで、それによってルアーのジャークやキャスト時にルアー単体とは違う動き方をして、フロントフックと絡んだりする原因になる。というわけで、基本的に私はルアーとリーダーの接続に金属は使わない。スナップはルアー交換の利便性を除いて得がないものかと思う。

直結はルアーを交換する度にどんどんリーダーが短くなるイメージが強いが、ループノットは結び直せるのでスナップを使う感覚に近い

ただし、投げる必要のないトローリングやジギング等では使われることは多い。それでもトラブルに対する絶対的な安定はないことを理解しておきたい。つまり、動きに期待してルアー単体で結ぶのではなく、利便性から金属を使うにしても、引っ張る側のラインリーダー側にはトラブルがあってほしくないわけで、そのためには定期的に結び直すという選択肢しかない。

実際には、金属を使うか使わないかの違いは飛型の安定にもルアーのアクションにも関係してくる。

例えばGTやヒラマサなどのキャスティングの場合も同じである。しかし、多くの人はスナップやスイベルなど大きなものがアイの部分にぶら下がった形でルアーを泳がせている。

それで本当にルアーが本来の姿で泳いでいるかは疑問だが、よっぽどラインを結ぶのが面倒なのだろう（笑）。ボトムでジクジクしながら魚を釣る道具に関しては私の場合は直結が多い。つまり、アイに直接タイトに縛って使っている。

スピンテールなどはきっちり縛ったほうがトラブルは少ない。ルアー本体のウォブリングアクションに期待しないでよいルアーは、ライントラブルの面からそうしているわけだ。それでも利便性を求める場合は、なるべく小型のスナップを付ける。

いずれにしても、リーダーを使う釣りでは1尾ないし数尾釣ったらリーダーとルアーは結び直すのが当たり前だ。そこに恒久性を求めるのはある意味間違っているし、そこに信頼を置くのは危うい。

対象がアジでもヒラマサでも金属を使わない結びで釣る

ジャンルを問わず、動きを重視したフリーノットやループノットを多用する

> ルアーの動きにおいて私が選択するのはフリーノットやループノットが多い。

プラグの深層をのぞいてみる

理想は自分の戦略の使者として使えること

状況を正確に把握し、最適なルアーを投入する。そのためにはプラグについて知っておいたほうがいいことがある。材質は何か、強みはどこか、リペアは不要か、使い方は正しいか、弱点はどこか。そう思ってもう一度あなたの一軍ルアーを見返してはどうだろう。

◉プラグの外と内

プラグとは基本的に浮力があるそれらしい動きをするもの。ザックリ言えばメタルジグやスピナベ、ワームなどのルアーとは別種と捉えてよい。

その製造方法は非常に複雑で多岐にわたる。根本的には魚の形に似た動きや形のそれらしく動くものである。製造コストはもっとも高く、ユーザーが支払う対価に対する性能コストはもっとも高いものとも言えるだろう。

プラグといってもいろいろな用途または使用法によって特徴的な部分を突出させ、または強調したものが増えている。まあ、我々の年代でプラグの走りはラパラやスインフィン、ストームなどのやや小ぶりなターゲットをねらったものがほとんどだったが、今や漁師向けでもないのに30㎝以上もあるものが普通に販売されている。ターゲットの幅も非常に広がり、生エサを食う魚ならほぼすべてに対して、それに見合った製品が作られている状態である。それぞれに深く考えられており、型技術や仕上げ技術の向上による発展は目覚しいものがある。

私も趣味人なので一個一個、一種一種についてつまびらかに書きたいが、プラグという大きなくくりでこれを知っておくほうがいい、というものをまずは記してみたい。

プラグは大抵、頭と腹と尻尾に当たる部分があって上下がはっきりしている。リップなし、リップ付きや金属のスクリューまたはブレードなどが付いている。複合なしのボディーが基本で、そこからどういう風に機能させるかで付けたり入れたりして調節するのが普通である。まあ、作る側のプロの場合は泳がせたい動きの質や深さなどから逆に考えてボディー自体から設計していくこともあると思うが、大よそそんなところである。

店に行けばいろんな物が売られているはずである。ユーザーはルアーを買うときに何を必要とし、求めるだろうか？

とにかく飛ぶルアーとかどのくらい潜るとかそんな話になると思う。趣味なのでどこまでの領域であるかは個人差がある。とんでもない見た目に手を出す人もいれば、ガチガチの宣伝広告やプロのレポートどおりという人もいるだろう。釣りの最終目的は魚を釣ることに変わりはないからだ。

一応の情報としてここで補足しておきたいのは、プラグが何で作られているのか？　という基礎知識くらいは持っておいたほうがよいということ。

重心移動という恩恵で、今やプラスチック全盛の業界である。プラスチックというのはこの場合ＡＢＳ樹脂を指す。ハンドメイドだとウレタンなどの発泡素材やバルサウッドなどの商品があるが、動きや安定性ならホワイトウッドやバルサ、

釣りのバリエーションは、ある程度のものをちゃんと投げられる訓練をしておくことで広くなる

もう何年になるだろうか。軒先に引っ掛けた巨大プラグ。今では奇異ではなくなった

発泡ウレタン製のプラグのほうが断然よい。重心移動が付いて幾分ましにはなってきたが、泳ぎ出しや揺らぎなどの部分ではやはりその辺りのルアーとは比べるだけ無駄である。

一応説明を入れておくが、同じ容積であれば当然同じ浮力である。だが、インジェクションルアーは外郭に重量部が多く、おまけに無垢の部分(タイイングアイやフックアイの部分)が付いているので基本的に重量のある部分が動きの中心から一番遠い場所に存在しているので水流に対するレスポンスが非常に悪い。

一方、バルサやウレタン樹脂の場合、中芯ワイヤーが通っている中にそれを核として浮力体が包んだ形になっており、必然的にインジェクションと違って頭と腹と尻に無垢の部分がなく、軽い流れで動きやすく、なおかつ外郭の重さもないことからロール等の魚にアピールしやすい動きが出やすいというメリットも兼ね備えている。ただし、サスペンドなどの0.1g単位のセッティングによるメリットは均質性の高いインジェクション側にあると思う。

それ以外では重心移動が付いていることぐらいだが、基本的にないと動きと飛びのバランスが取れないから付けられているわけで、使用距離の短いバスやトラウトなどに対するメリットというのはやや薄いと思う。

私が思うのはそれほど究極性を大よそ欠いているのにプロの名前で推奨販売されるあたりである。これではまるで動きなんかそこそこで飛んで魚の口に入ればなんでもよいと言われているような気がするわけである。モノによってはプロの推奨する究極の大・量・生・産・品という話なのだ。まあ私も一枚噛んでいる話なので一応言わせてもらうが、もちろん究極ではない。ただ、私はメーカーとの協力の場合、簡単に使える間違いのないものを目指している。つまりスタンダードな存在を目指しているわけである。

ただし、プラスチックの特性上ある程度の強度や硬度があるので、ぶつけたときの耐久性やジョイントルアーなどのシャープエッジや三次元リップ、ラトルなどの恩恵も多い。

釣りには関係ないが、人を釣るのに有効なボディーに凸凹の魚の模様も入れられる。一体型の成型技術も非常に進み、コストも非常に抑えられるのが生産者側のメリットである。

一方、ハンドメイドやウレタン系の生産は性能維持のためのハイブリッド化が著しくコストも非常に高い。生産側から言わせてもらえばインジェクションはある意味羨ましい魅力（金）も持っている。また、動き的にインジェクションより性能の高いバルサやウッド、ウレタン製にももちろんデメリットがある。

同じタイプのルアーもサイズを変えることで対象魚が変わっていく。特徴を熟知していればルアーに備わるポテンシャルを最大限に発揮させられる

簡単な防水をすることで動きの軽さを出しているこれらのプラグウッドやバルサの自然素材または非独立発泡のウレタンなどは塗装膜の欠損によって吸水してしまうということである。だから気に入ったプラグがあったら複数個持ってローテーションで使うほうが性能は安定する。もちろん1個だったら乾かしながら使うしかない。もしくは吸水しないタイプの発泡ウレタンやインジェクション製を選択するという手もある。

プラグが何で作られているのか？という基礎知識くらいは持っておいたほうがよい。

◉知れば知るほど

プラグのほとんどは水平方向に引っ張ることで正常な泳ぎをするようにデザインされている。知っておく必要があるのは、ロッドティップの硬さや距離によって動きが変わるというあたりである。

基本的にロッドティップが硬い場合はタイト気味に、軟らかいティップの場合もしくは伸びるイトやスローにスラックを取って引いている場合、ルアーの動きがオーバー気味になる。つまり動きを抑えたいときや動きを強調したいときにはアングラー側で調整できるということ。また、水平に近い状態でデザインされたものであるので、巻き取りが終了に近い状態、つまりロッドティップから近い状態になるとロッドティップが水面上にあればルアーは上向きに引っ張られる形になる。例えばディープダイバータイプなどのリップが下がってボディーの浮力による上向きの力が働いて機能するタイプだと、リップ自体が上向きに引っ張られすぎるとボディーの浮力による上下感が弱くなり、ガクガクに泳ぎ始めて、おまけに引っ張るラインに対してまっすぐ泳ぎにくくなる。これは基本的にアングラーの知識がないときっちり使えない。

長いボディーで簡単に方向が変わりにくいミノータイプや水流の方向性が出やすいフラッサイドはまだそこまで影響が出にくいが、クランクベイトタイプなどのオーバルタイプのボディーの場合は横スライドを起こしやすいので減速なしで手前に来るとクルリと回転なんてことは普通に起こるし、当たり前のことである。

潜らせたいルアーを使う場合、基本的に泳ぎの邪魔にならない程度のライン角度をキープしないと意味がない。ロッドを立ててディープルアーを速く引こうなんて基本的に無理がある。まあ遠くだけで足元は探らない場合はそれでよいが、磯などの高い足場やオカッパリのバスやシーバスも含めて手前まできっちり泳がそうと思うならロッドティップの位置には気をつける必要がある。そういうためにシンキングを使いますという釣り人もいると思うが、ミノー形のシンキングにしても引かれる角度の相違によってアクションが変わってくるということは理解しておく必要があると思う。

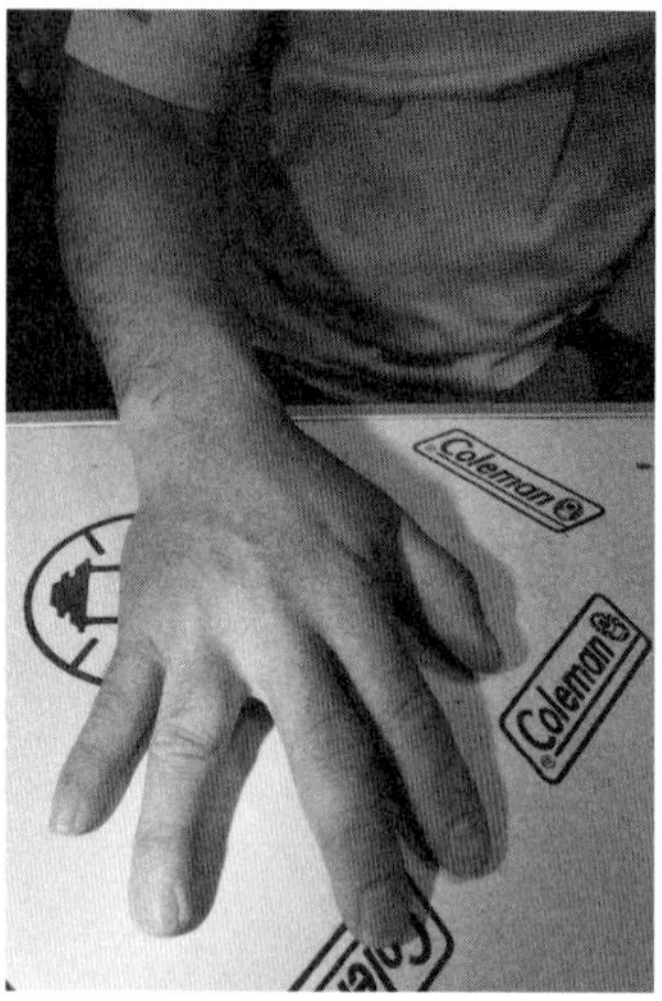

リールフットだこができた利き手。釣って作って試して手直しする。その繰り返しだ

基本的にルアーが手前でも魚を釣りたければ潜行能力が消えない程度まで減速して引っ張るようにする。

基本的にルアーが手前でも魚を釣りたければ潜行能力が消えない程度まで減速して引っ張るようにする。これがプラグにおける誘いのひとつとなる重要なところで、それまで横向きにただただ引っ張られていたルアーはボディー自体の自立ベクトルが弱くなり、自らの浮力によって縦方向の水の流れをリップやボディー側に受けるようになる。そうすると今までウォブリングの強い動きだったルアーが細かいロールの動きに変ったりするのである。その部分で魚がヒットするケースはいまだ多いのである。それゆえにシンキングに頼ることが私には少ない。シンキングだと水面を割りはしないが、ただそこに横向きの餌木みたいなのがあるだけで別に低速で揺らいでいるわけではないからである。それならバイブレーションのほうがいい気がする。

最近は趣味でルアーを作る人もそれなりにいるし、使っているプラグのリペアグッズも結構販売されている。よく聞く話でプラスチックボディーペイントのリペアに関してだが、現在のインジェクションルアーのほとんどが正式には塗装ではない。パットやホットスタンプと呼ばれるフィルムの熱接着なので、背がけの色が消えたからといって硝化綿ラッカー等の強い溶剤でしかもディップなんかしてしまうと下地のホロ転写自体も侵してしまい台なしになるケースが多い。酷いものではボディーの変形すらありえる。ホームセンターやホビーショップで販売しているスチロール用の塗料などで応急処置して使う程度で充分である。

リペアをやりだすとルアーが可愛くなって塗装を厚く丈夫にしがちだが、厚い塗装はインジェクション製には百害あって一利なし。あくまでマジックで塗る程度のほうが性能は保持できる。ウッド系のGTルアーなどはウレタン塗装が施してある場合が多いので基本的には瞬間接着剤等でハリ跡に穴埋め程度でリペアしておいたほうがよいと思う。ウレタン塗装にはもう一度ウレタンで問題はないが、密着しないのでバナナの皮を剥ぐように塗装が剥離してしまうからである。

リペアも上級になるとリップが折れたりして壊れたルアーを半分ずつ焦げないようにバーナーで暖めてくっつけたりできる。ハンダゴテや焼いたスプーンなどで新しくリップを作ったりすることもできる。同じメーカーのルアーの場合、使うプラスチックの成分はほぼ同じなので割に簡単にくっつく。今のルアーボディーはほとんどがABSプラスチックでできている。Bのブタジエンが焦げやすいので慣れないうちは何個もルアーがダメになるかも(笑)。こうした改造改悪もルアーの楽しみではあると思うが、リペアはあくまでリペアの枠内で行なったほうが安く上がると思う。

近年3Dプリンターが普及して個人的にインジェクションのモデルに似た構造のルアーすらワンオフで作ることができるようになってきた。そういう意味ではバルサを一生懸命削る手間も要らずプラスチックルアーが時間をかければ作れるようになったあたりに時代の波を感じる今日このごろである。

フックと一体化したこれもプラグ。マイクロベイト時の切り札。すべては必要から生まれる

どんなルアーも実際に使ってなんぼ。プラグは、とくに引いてからの動きに真価が問われる

◉飛距離についての考察

ルアーに飛距離というのは確かに有用な要素である。だが操作する側の知識も必要なのだ。まず使うラインが細ければ飛ぶという考え方自体が間違っている。ルアーは常にリーダーやラインを引きずって飛ぶからである。そのためライン、ロッド、リーダーのバランスが非常に大事で、バランスを考慮するのもアングラーの技量だと思う。後方重心があったとしても頭側から引っ張る抵抗値が少ない場合、風の影響やキャスティング時のロッドのブレの影響でボディーの振れが発生しやすくなる。

まずキャスティングのレベルを上げるところが必要だ。キャスティングはナイフ投げと同じで、キャスト中とキャスト後では重心が180度変化する。それをうまくスムーズに変化させることが飛距離アップに繋がるのだ。そのときに多少ルアーにブレが出てもラインの抵抗が矢の羽の役目を果たし、ルアーの姿勢を安定させ、思ったところにルアーを投げることができるという理屈である。

重心移動はそれをできやすくするということになる。重心移動は基本的に磁石のオモリがくっついたり離れたりすることで姿勢を安定させるが、新幹

実際の性能とは別のところでユーザーを惹き付ける。それも込みでルアーは奥が深い

線や飛行機の中と同様に一旦加速が終了してしまうとオモリは磁石側に戻ろうとする。単体ではそうなるが後方からブレーキをかけ続ければ加速するオモリ側と外郭のスピードの差が磁石にくっつこうとするのを妨げるわけだ。つまり、抵抗をかけ続けて姿勢を安定させる役目を果たすライン抵抗とのバランスが最終的に必要となるわけだ。風が強いほどラインは細くではなくある程度太くするほうがリーダートラブルを含めて緩和する傾向が高い。

それが基本理論だが、ルアーによって飛びやすいものと飛びにくいものが存在する。リップ付きとリップレスだと、リップレスのほうが飛距離は1.5倍ほどの違いが出る。

まず使うラインが細ければ飛ぶという考え方自体が間違っている。

リップに水を受けて切れのよい動きを出すものは基本的に飛ぶときもその部分が影響を受ける。だから、細身のボディーに小径リップのルアーのほうが飛距離は安定する。

その理屈でリップが長くてもアイ側に近づいているもの、つまりリップがボディーの長さ方向側に並行に出ているルアーのほうが空気抵抗は少なくなるのだ。ディープダイバーのような空気抵抗が大きいと思われるルアーの場合は、水平方向に寝ているタイプのほうが空気抵抗は少なくなり、矢の羽理論に沿ったものになる。

だが、リップが寝た状態だとボディーの遊泳姿勢が大きく変わる場合が多い。初動で前のめりになったりして泳ぎ出しが不自然になったり、動きの質が変わったりといろいろと制限が出る。前から流れを受けるのに前からの水を受ける面積が少なく、なおかつ頭の両脇に逃げるのでロールが強くて潜行しなくなったり、立ち姿勢が強くなって止まったときと動いているときの姿勢が大きくなったりするので使いにくくなるわけである。

それと、飛型の安定に影響するのはバランスオモリだけではない。付けるフックの重量が大きければ安定する。ボディーの中で適当に動くオモリより外の先端に付いている重量物のほうが効果はある。2ハンガーのルアーより3ハンガーのルアーのほうが飛型は安定する。それと、2ハンガーはウォブリング系の動き、つまりバタバタ動いたりするが、3ハンガーは基本的にロールの強い動きになる。

フックが大きいと低速だと2ハンガーはロールが強くなり、スピードが出るとバタバタになる。3ハンガーはフックが小さいとウィグルとウォブリングのミックスだが、大きくなるとロール主体になる。

自分が現場で何を投げるのか、どうやりたいのかというイメージができていなければただ棒を投げているのとあんまり変わらない。釣りのバリエーションは、ある程度のものをちゃんと投げられる訓練をしておくことで広くなるわけだ。

ルアー単体の選択で飛ぶ飛ばないという話ではなく、いかにこのルアーで釣るのかという戦略が必要である。ちなみにスピニングとベイトでは飛型の安定という部分で初期のサミングが活かせるベイトのほうがやりやすい。飛んでいる最中のサミングは姿勢安定にも寄与する。要は抵抗をかけやすいという理屈だ。

成形を終えた発泡ウレタンのプラグのブランクが、次の工程に入るところ。デメリットはあるものの泳ぎ出しや揺らぎなどの部分でやはりインジェクションは敵わない

ジャークやトゥイッチの意味合い

有効な一手か、ただのまじないか……

ただの物体であるニセモノのエサに血を通わせ、それらしく演出するのがルアー釣りであり、そのイミテートこそが醍醐味のひとつで、ルアーは本来引くだけで動くように設計されているものだが、もうワンアクション加えたくなるのが釣り人の性というやつかもしれない。

◉確実な肯定は……

ジャークやトゥイッチなど、いろいろ名前が付いているわけだが、アクションの必要性について考えてみる。

この動作で期待する部分は魚に気づかせる、もしくは偽物と見破られないよう本物らしさの持続や興味の続行にある。だが、世の流れは落とし込み（フォール）でのヒットの期待やただ浮かせておくことへのヒット効果の部分などと、やや混沌としている部分がある。

釣りを継続していくうえで自分の動作への迷いを取り去ることはもちろん重要なことで、その動作に対して明確な理屈が理解できればより一層やりやすくなるかと思う。ただし、いかんせん我々は時折見える魚の動作やその結果に対する憶測でしかアクションの効果を計り知ることができない。ルアーを海に投げ込むと、魚信を渇望し、どうしても何かをしないといけないのでは……という焦燥から手を動かしたほうがいいのかどうなのか、と逡巡することはもちろん多々ある。だが、大枠の部分でその効果の実態を知ることはおよそない。

例えばハードトゥイッチがベースであるバラマンディ釣りは、実のところシンペンやジョイントベイト等のただ巻きでもコンスタントに釣ることができる。そうなると果たしてトゥイッチが有効なのかと、確実な肯定はできにくくなる。つまり、日頃から魚を誘う目的や理由と思ってやっているジャークやトゥイッチは人間側の貧乏揺すりやその他の単なる自分を落ち着かせるための癖ともいえる可能性すらあるかもしれない。

手始めにただ巻きで様子を見て、反応がないときにアクションを入れる。こういう人が圧倒的に多いかと思う。釣り始めたらすみやかに手応えがほしいところで、それがないとどうしても手を加えていく方向である。ただ巻きにプラスする方向で、ただ巻きからマイナス方向に変化させるのは、巻き速度の加減以外ないに等しい

魚種ごとのルアー選択について

予定調和でいかない部分こそ醍醐味

釣りがいくら自然相手だからといって、予測どおりの結果しか出なければ、やがて魅力を失うに違いない。思うままにならないから自然なのであり、そこが人間を刺激し、次の道具製作へと意欲を駆り立てるのだ。とはいえ、安定した釣りという水準はクリアしておきたい。

◉安定感や期待＋α

魚には多様性がある。絶対的な効果を出せるルアーがもしあったなら、とうの昔に魚はいなくなっているはずである。私の身上は獲れ獲れではあるが、いまだそれは達成できていない点からすると、この選定がベストではないかもしれない(笑)。それを踏まえて読んでいただきたい。

ヒラスズキ

ヒラスズキのタックルボックスは大小2個程度がベースである。車と釣り場のストロークの時間によってある程度増減するが、基本的に2～3個あればあらかた釣りは可能だ。だが、ある程度自分の能力の限り、もしくは勉強、情報収集のために釣りを展開するのであれば、まあ10～15個程度は持っていくべきだろう。それに磯にはほかにもターゲットはいるわけで、最低限それを釣る道具が欲しい。

メタルジグやペンシルなどは保険的意味合いで必要なものであると思う。私の場合、フローティングミノーの140～90㎜は絶対に持っていく。これらの浮き具合はデカいフックを付ける癖があるので横から眺めてみると通常の見た目よりもちょっと大きいんじゃない、程度のバランスである。必然的に頭上がりになりやすくなる。フックの軸の太さはある程度の強度のあるフックであればいいだろう。

フックは割と伸びやすいので、使い続けるなら替えのフックを持っていくか、もしくはタックルボックスの中に同じサイズを複数入れていくことになる。シンキングミノーは通常90％使用していない。つまり、フローティングがメインという意味だ。これは私自身の釣り方の問題でそうなっている。

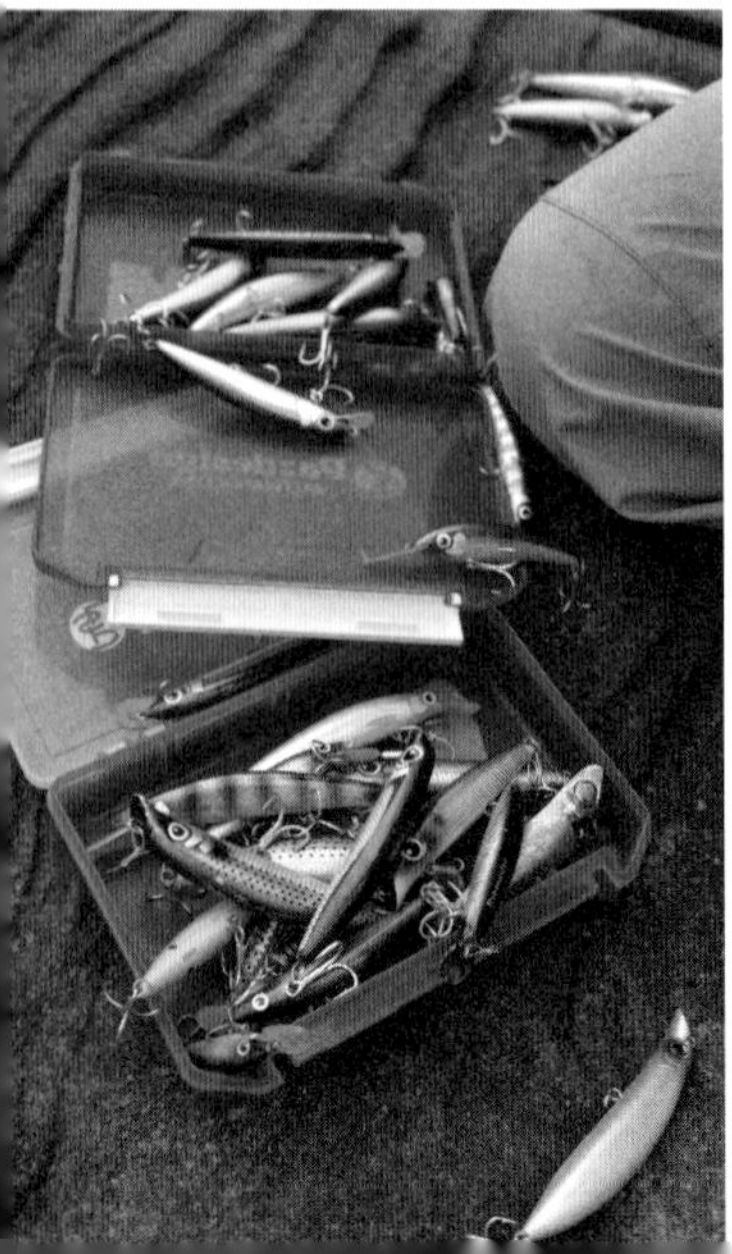
ヒラスズキは基本的に大小のケース2個分のルアーがあればよい

どこへ何を釣りに行くにしても絶対的な効果を出せるルアーはないが、少なくとも万全な構成では臨むようにしている

あとはバイブレーション。これは荒れた天候で多用するプラグだが、南のヒラスズキも結構好きなルアーでもある。理由は基本的なサイズ感なのだろう。それに55〜100㎜程度のシンキングペンシル、ジグミノー等を1個ずつ持っていく。状況によっては18〜20g程度のメタルジグにアシストフック、100㎜程度のポッパーも持っていく。

夏秋の小型ベイトを嗜好している時期は、ベースのサイズが90〜55㎜に落ちる。PE自体も1〜1.5号程度にして、テーパーラインの先端側の太さを50Lb程度まで落としたりもする。

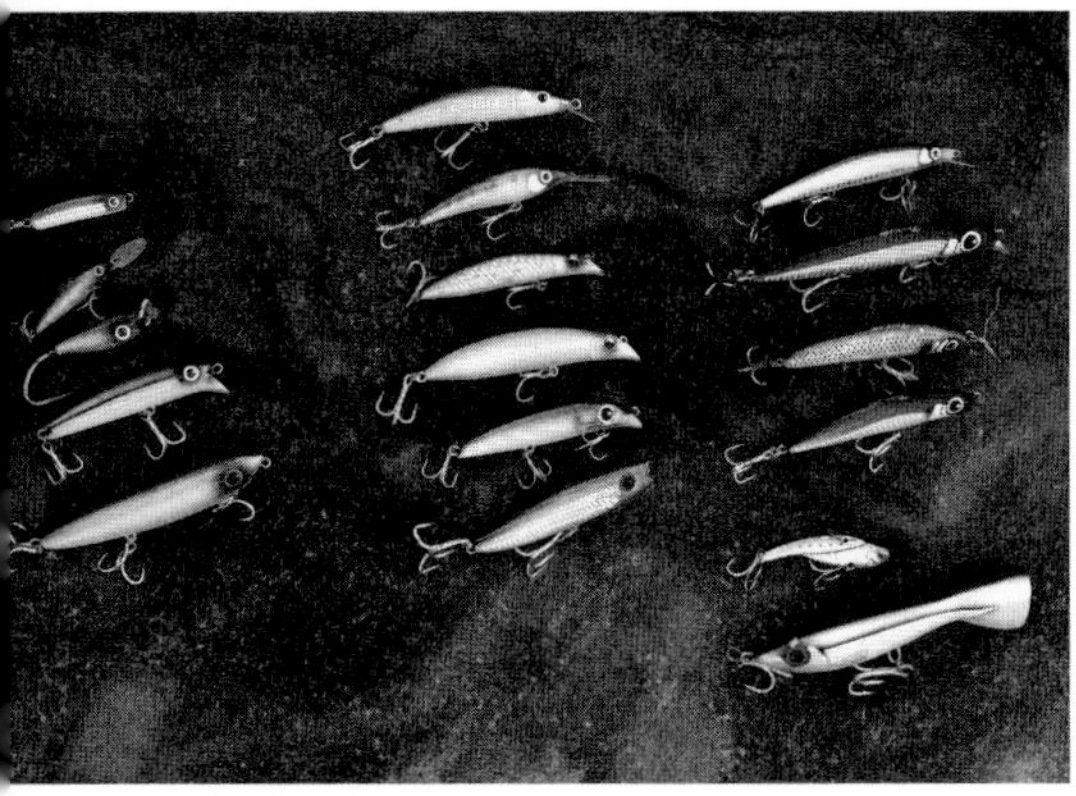
ヒラスズキではルアーを大グループ、標準グループ、小グループにカテゴライズして構成する

トラウト

渓魚の場合、ヒラスズキ釣り場のようにほかのターゲットがいる場所ではないのでより専門的な構成になりやすいが、ベースとして35〜80㎜程度のミノーがあれば一応の釣りが可能なのだが、メインは45㎜程度のリップ付きミノーをよく使う。次にシャッド系の潜るタイプのルアー。それにミッドダイバー程度の流れに強いタイプを持っていく。

渓魚は海のように他魚への考慮をほぼしなくてよいのが特徴だ

あとはシンキングだと35〜50㎜程度のモノ。底をズル引きまたはトゥイッチしながら探ってこられるものがいいと思う。

タックルボックスはかさ張らないものを1〜2個程度持参し、とくに気をつける点はないが、渓流ではテンションや結びによってルアーのチューニングを細かく行う傾向があるのでチューン用のショートノーズの小型ラジオペンチやチューナーの携行が必要となる。

近年よく使うのが80㎜程度の3ハンガーのミッドダイバーで、これをジャークして誘うことが多い。フック交換はこの釣りには絶対的に必要不可欠ではあるが、現場でフック交換というよりも多めにセットした同じモデルを使い回して釣行後にいっぺんに交換するという方法がベストだと思う。なぜなら、釣り場に対するルアーの鮮度が変わりやすい釣りであるので、釣り場に立ったらすぐに投げられることのほうが重要だからだ。また、飛距離が必要である場合にはリップ付きよりもリップレスのほうが圧倒的に飛距離を確保しやすい。シンキングかフローティングなら流れに沿わせやすいのはフローティングだが、基本的にス

渓流はベースとして35〜80㎜程度のミノーがあればほぼ間に合う
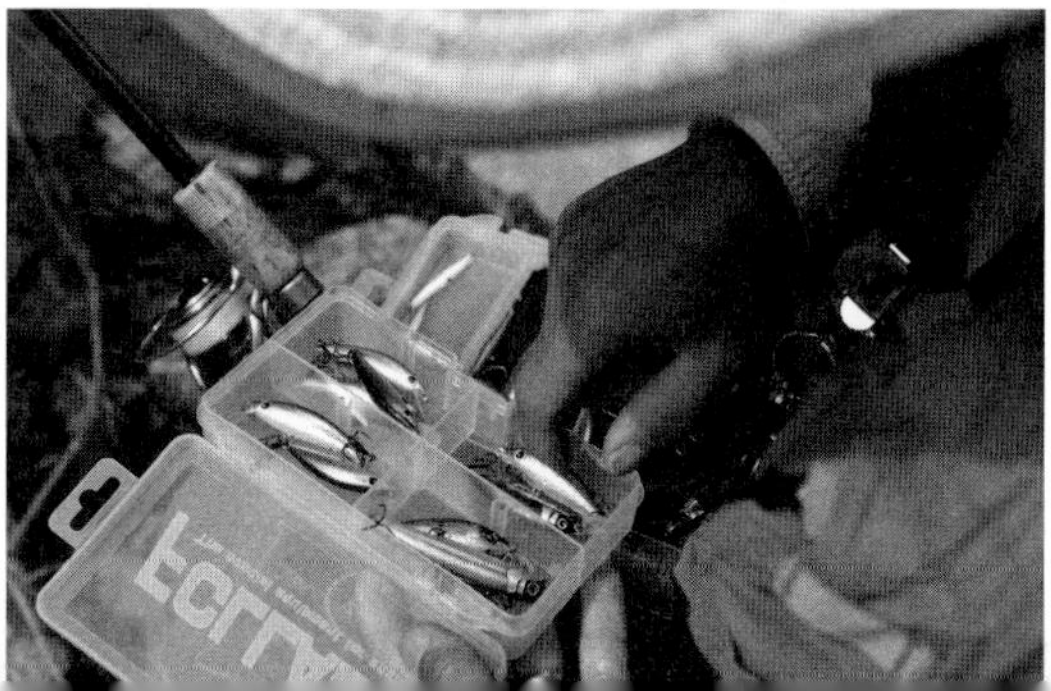

ターゲットが大型魚だとルアーも大きめになり、それを収めるケースがなかなかないので、代用品を使ったり、背面に仕舞ったりする

ロー程度のシンキングのほうが釣りやすいかもしれない。増水時の釣りも頻繁にあるのでアピールと遊泳力のバランスを考慮したルアー選定が必要になり、メタルジグも7～15g程度は常備している。ショートロッドにして高い足場から釣る場合もあるので、ヘビキャロ用のゴム付きアユオモリやリップの裏に涙型のオモリを付けて釣る方法も多用する。

GT、青もの

ショアの場合、ストロークにもよるがこの手のプラグを入れる箱は釣り具屋にあまり売ってない。やむなくソフトケースや100均のパスタケースなど、タッパー系の容器を使うことになるわけだが、ベストに収納する際もこれまた胸側ではなく背中側や別途ザックやバッグに入れる必要が出てくる。この手のショアの釣りは小型のポッパーや15㎝サイズがベースになる。最大20㎝程度まで持って行けばいいかと思うが、荒れた天候とフラットな凪の日だと持って行くルアーに差が出やすい。

まず釣果が見込めるミノー系は絶対的に持っていく。次にポッピングとダイビングペンシルを持って行くことになると思うが、悪天候では大きめにし、凪の日はやや小ぶりにする傾向がある。それとアシストフックをセットした150g程度までのメタルジグを備える。

オカッパリでの青もの釣りでは、ミノーは必ず用意しておき、あとはダイビングペンシルやポッパーなどのトッププラグ、メタルジグ。GTでは150g程度のプラグが多い

ショートポッパーはバブリング、ロングポッパーは首振りドッグウォークでの探りだと位置づけている

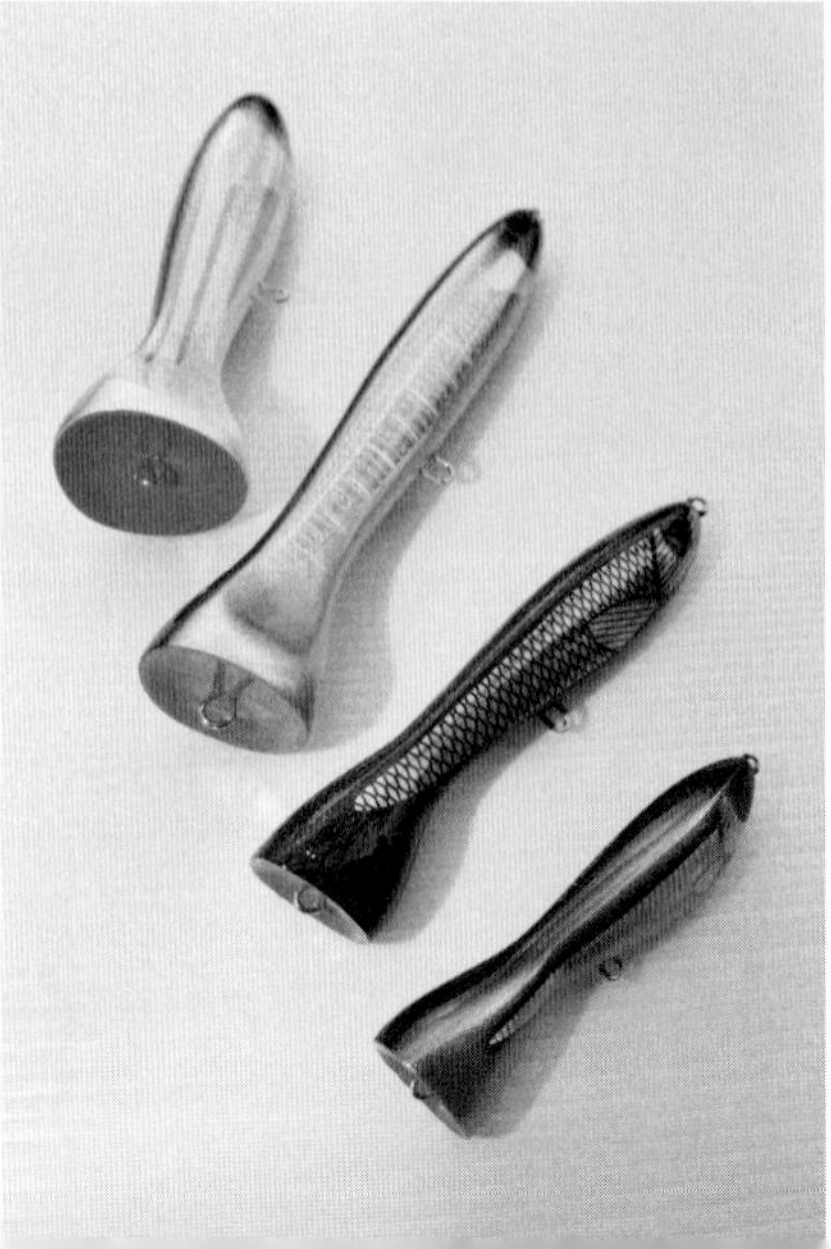

GTにせよ青ものにせよ、プラグサイズは15～20㎝で、オカッパリ主体だと小さめ、荒天は大きめを意識する

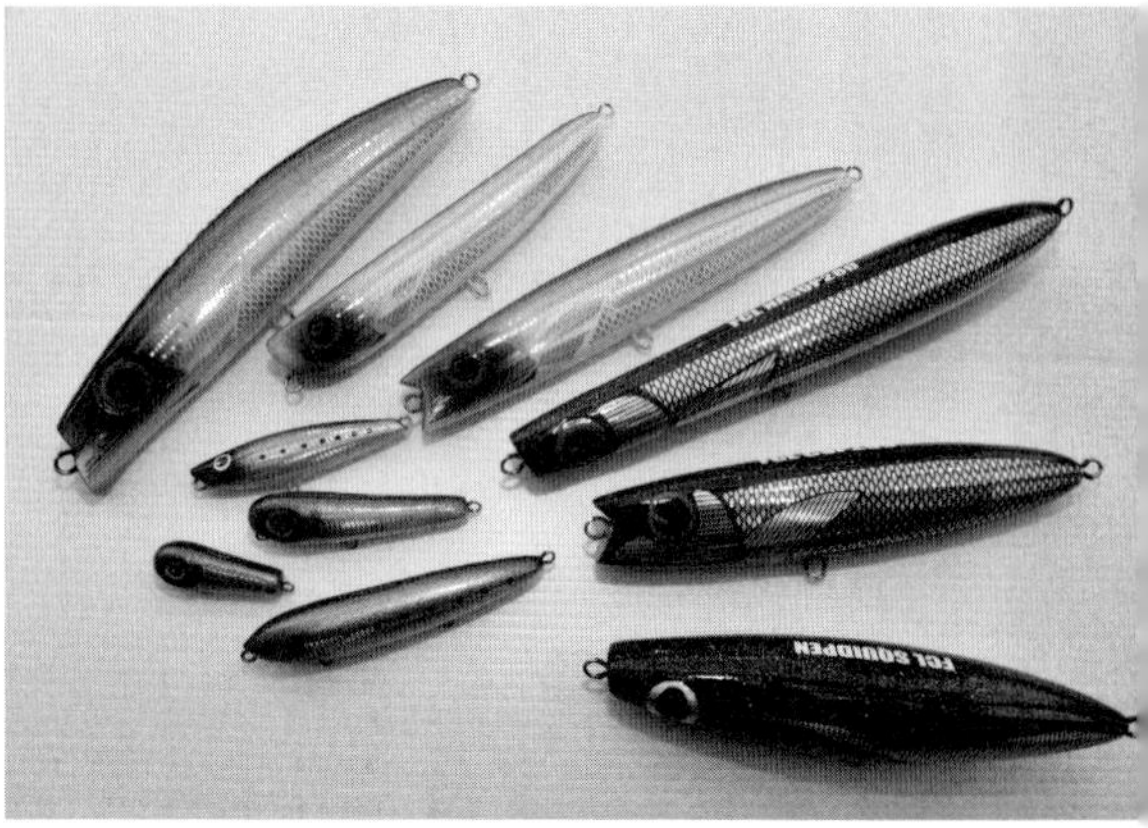

船の場合も大型化はするが、基本的に選定は変わりない。ミノーやミノーの代わりになるタイプのペンシル（シンキングのダイビングペンシル）やバブリングで泳ぐショート系ポッパー、首振りドッグウォークしやすいロング系ポッパー、水面でプカプカ浮いて誘うフローティングのダイビングペンシルなどがその代表となる。基本的に自分が振り切れる重さという壁が出てくるので、使うルアーの重さやサイズは自ずと限られる。飛びもしない重たいルアーよりも小ぶりでも飛距離の出やすい小型ルアーのほうが結果的に釣果は出やすくなる。私の基準だと220㎜前後のフローティングペンシルになる。

フックなしで150g程度のプラグが私には合っているが、早引きする場合などは100g程度まで落としたほうが使いやすいし投げやすくもなる。基本的に1kg近い総重量のモノを振り回すので、その振り回しがどれくらいできるかで使用ルアーは変化すると考えたほうがよいだろう。

海外

海外の釣りは、目的とする魚向きのラインナップ以外を述べてみたいと思う。魚によって、または行くところによって違いが出やすいからで、そこは自分が思う量を持っていけばよいと思う。要は、本命の釣り以外に持っていくルアーをどうするか、というところについて述べてみる。

基本的にミノーは基本サイズの110㎜前後を持って行く。もっと大きくてもよいが、いずれにしてもそのあたりだと釣りやすい。オカッパリの釣りをするのであれば、もちろんさらなる小型ミノーは持参しておきたい。その理由は、ボートにしろオカッパリにしろ、使う頻度が高いこと、例えばボートGTやカジキ等をねらったとしても、その合間にカツオやマグロ等の回遊に遭遇することは多いので、一日をボーっと過ごすのが嫌であるなら、後方からトローリングしたリキャスティングもできるミノーはかなり重宝するのは間違いない。

逆に、効果はあるけど持って行きにくいルアーもある。メタルジグである。大抵小型を4個もしくは中型を2〜3個しか持参しない。理由はプラグに比べて重量が重たくなるわけで、航空規定が厳しくなりつつある昨今、メタルジグはあまり持って行かない。それを選ぶくらいなら、水に浮く大型プラグにするほうがいいかと思う。次に小型のポッパー。サーフェスルアーはアンダーウォーターに比べてルアーに対するサイズセレクトの枠が広く、なおかつサーチ範囲も広い。そのため未知のターゲット探索にはかなり使えるルアーともいえる。もちろん、水温はある程度のところで保たれている場所というのが前提である。あとはシンキングペンシル。小型のメタルジグ等は極端にいい結果は出にくいが、使えるルアーの中に入れてもよいかと思う。

ロッドおよびリールはPE2〜1.5号ラインが使える程度が標準となる。私の場合は、ラインの限界まで耐える程度の安心できるタックルを使う場合が多い。

海外遠征と聞くと巨大魚や怪魚の印象も湧くが、そればかりではなく、幅はかなり広い

ファイティングにおける考察

あのとき、こうすべきだったと悔やむ前に

ときにどんな判断をするかで結果がはっきり分かれてしまうのが魚とのファイト。せっかくねらいの魚を掛けたにもかかわらず、なすすべなく、白昼夢のごとく無と化すことがあるものだ。ファイトは実際に場数をこなすと同時に考えながら行ないたい。

◉テンションの加減

ファイトについては諸説ある。ラインをはじめとしてルアー、ロッド、リールのドラグ等の抵抗を利用して魚を疲れさせ、取り込むことだ。ルアー釣りのゲーム内容からして基本的にラインを巻き取っていくことでアプローチは完了する。それを踏まえると、ファイトは根本的にリールにラインを入れていく作業であることがメインとなる。ロッドを強く煽ったり、後方にのけぞってみたり、歩いたりしてもゲーム自体は終わらない。

すべての行動は、リールをいかに効率よく巻き取るかにかかっているわけで、その完成のためにいろいろと努力するわけだが、そのプロセスは選定するタックルで違いが出てくるのは言うまでもない。私は、力で相手をある程度制御しつつ、疲れさせて結果を出すタイプである。理由は、ファイト後にも同じようにその道具やシステムを信頼して釣りを継続できるところと、そもそも釣り応えがよいからだ。

PEラインを使って動きを抑え込みながら、テンションを一定に保ちつつファイトを行なうが、それはあくまで魚のパワーがライン強度を上回らない場合であり、ラインを引きちぎるようなパワーを持った魚の場合、立ち回り方が分かれてくる。

もちろん、ある程度は先に述べた方法を用いる。例えばジギングだと、自分がかけることができるテンションの加減とヒットした位置、魚の逃走経路などを把握できれば、ある程度強引にファイトするほうが効率はよい。

しかし、魚が釣り人に対して、あるいはタックルに対して不利な状況でファイトを強いてくる場合、テンションファイト自体の有効性は怪しくなる。

PE8～10号でテンション15kg前後かけられれば、40kg程度までは普通に危なげなく取り込めると思うが、PE3～5号程度で同じ魚を釣るのであれば、基本的にラインをフリーに近い低いテンションで、泳がせながらのファイトも悪くはない。

基本的にテンションが低ければファイトタイムは長くはなるわけだが、体験として数字で割り切れるほどの倍数にはならない。

10kgの魚を2kgのテンションと4kgのテンションで釣ったとしても2倍の時間が必要かどうかは魚へのフッキング箇所やそのほか魚のコンディシ

ファイトはガチガチの体力勝負だけではなく勘所が大きい。しかし基本的に掛かった魚に対してはあらゆる抵抗を動員して勝負を決める。相手が疲れる前にランディングすることも多々あり、陸に上げたあとから死にもの狂いで暴れる魚もいる

ヨンの個体差や特性の問題から計算どおりにはならないことがほとんどである。

もっと言えば、2倍の時間になったりはしないケースと逆に3倍以上かかってしまうようなケースに分かれていく。

時間がかかるのはマグロの類である。低いテンションほど余計に時間がかかる傾向が強い。逆に、同じ青ものでもヒラマサの類は何がなんでもファーストランで無駄に走るので、そこにテンションをかける効果が有用か否かは不明な部分がある。おそらく、スタミナがない魚ほど小賢しいモノに隠れようとしたりするきらいを感じる。

であれば、最初はゆるゆるにしておいて走るだけ走らせて、その後ジワジワと相手が怒らない程度に引っ張ってくるほうが上がる可能性があるのではないかと感じている。ただし、水深や水流によってテンションはフリーになるわけではない。魚は引っ張る方向と逆の方面に走るわけで、それを楽に引っ張れるようにしていくことが釣果には繋がるが、いかんせんラインが出れば出るほどその分だけラインからのテンションは一方向とは限らなくなり、魚からすればどちらからのテンションなのかと逃走経路も不安定になりやすい。

どういうことかというと、右から左に潮が流れている磯でラインをフリーにしたら、魚は原則として右側に走ろうとする。それを応用すれば、魚を操作することはある程度可能となるが、ラインをずっとフリーにすると、魚自体は弧を描くような経路でラインを引きずるようになる。そのためテンションを抜いたり入れたりして、魚を誘導しないといけなくなるわけである。

私は、力で相手をある程度制御しつつ、疲れさせて結果を出すタイプである。

日中はロープの有無といった障害物などの視覚情報が多いのは間違いないが、対水の中で抵抗する魚で考えると、姿勢や向き、体力をテンションから察知していくので日中も夜も感覚的には変わらない

ランディングやファイトの要は、リールをいかに効率よく巻き取るかにかかっている。その完成のために足場を変え、いろいろと努力する

ファーストランで無駄に走るタイプの青ものについては、テンションをかける効果が有用か否かは不明な部分がある

これが、ある程度水深があるバーチカルなジギングであった場合だと基本的にテンションに対する意図的な泳がせは成功しやすいかとは思うが、横向きの釣りにおける有効性はどっちもどっち的な部分がある。

テンションをかけて根ズレまでに止められるか、テンションを抜いて遊泳経路を安全な方向にいくように操作するか。いずれにしても掛かった魚任せ的なところはある。

先に述べたように私はよほどの勝算がない限りラインフリーはやらない。それを長くやればやるほどラインはどこで擦れたか解らなくなるからである。もちろん、テンションは低いので問題はないと思うが、海中や海面に飛び出た突起や海藻類、そのほかラインが当たることで魚はそこを中心に回るような行動をとる可能性が高く、ラインをフリーにしている最中にラインが切れていたなんてことにもなりかねないのである。

実際、ヒラマサやGTなどショアからの釣りでフリーにしたらルアーを底に擦り付けられ、逃げられ、挙げ句にはルアーが根掛かりしたなんてケースも結構頻繁に発生している。テンションは、魚が一目散に瀬に走らない程度に抑えておくのもアリかと思うが、それをいつ繰り出すのか。これは食い気が希薄な状況でヒットにこぎつけた魚に対してやすやすと行なえることか？　と懐疑的になる。

▲魚の頭の向きはどんなターゲットに対しても常に持っておきたい意識である

ヤマメの動きは鋭く、速い。テンションを意識しつつ一生懸命巻き取る。魚とのファイトというと大型魚との力勝負というイメージがあるが、そうではない。ラインが切られたり、フックが外れないように魚をコントロールところにある

◀ライトタックルを使って漁港の先端で釣っているときに得体の知れない魚がヒットした。そのとき、入港する定期船が近づいてきた。相手がウミガメというのを確認後、ロッドを弾いてフックを外した

▶ポンピングせずにリールだけでじわじわ巻いているとかえってサメに襲われやすい気がする

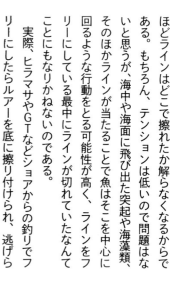

◉ポンピングの有無

ポンピングは行なうほうが魚は早く上がるし、サメから横取りされにくいように感じる。

サメもヨレてきた魚を襲うわけで、ポンピングしていると魚がまだ力があるように感じるらしく、ジワジワとリールだけ巻いているよりは魚が襲われることが少なくなると思う。

もっとも、サメがいなければそのやり方はハリが外れるリスクのある行動となるだろう。なぜならロッドを煽るという行動は根掛かりを外すときの行動に近いからで、おまけに魚の頭の向きも上手にやらないと変化しやすいからである。釣りの上手下手が見えやすい行動でもあるので、基本的にゆっくり持ち上げてリールを巻きながら素早く巻くような行動が望ましい。

ショアキャスト等で瀬をかわすためにポンピングを行なう場合、セクシーな連続腰振り系のショートポンピングを行なう人もいるが、リールをガンガン巻けるか否かのほうが優位に働くので、ピストン運動ではなく、最終的にある程度のストロークであってもリフトとリーリングが一定したリズムになっていれば普通に魚は上がる。

バーチカルなジギングだとテンションに対する意図的な泳がせは成功しやすいと思う

魚は抵抗がかかる方向と逆に逃げようとするし、こちらが引けば引くほど向こうも頑張ろうとする。これをうまく利用すれば、手なずけるように寄せてくることもできる。ファイトタイムはキャリアによって如実に違いが出る

ロッドを煽るという行動は根掛かりを外すときの行動に近い。

§2 行動スタイル

ゾーンの固定とミノープラグ

美観とタイトなゲーム性に浸るのが渓流ルアー

ルアーを使って人生で2番目に手にしたのがヤマメ。
九州に生息する渓魚はヤマメとアマゴであるため、ここでの渓魚は概ねヤマメを指している。
もっとも、最近は養殖イケスから逃れたイワナやニジマスも釣れることがある。
いずれにせよ、一度ハマると抜けられない奥の深い釣りだ。

◉渓流の釣りについて

中学生からやっているのがこの釣りで、そのアクティブさと美しさ、そして見えている魚へのゲーム構築と攻略が楽しくて、一度ハマると長らく続けてしまうジャンルだと思う。

昔はスピナーやスプーン、現在はプラグやジグの釣りとなった。

入門したての頃は基本的に4Lbのナイロンライン直結の釣りで、伸び伸びのラインにグニャグニャのロッドだった。そのためアクションが引きメインで、ストップや大げさなジャークでフッキングするようにスプーンを操作していたことを思い出す。

トラウトのスプーニングは一瞬のスラックからの魚のじゃれつきを利用したフッキング動作だった記憶がある。

それからすれば今はまともな操作でハリに魚を掛けられている気がする。

なぜなら、超軽量の高弾性の硬質ロッドで伸びのないPEラインを使って軽く噛みつくようなバイトでもフッキングへ移行しやすくなっているからである。それと、1フックのスプーンやスピナーからすれば、軽量でなおかつ2〜3フックのプラグはフッキングのコンタクト数も多く、プラグ自体も軽量とあってバレにくく、ストップなどの小技やリップによるレンジキープが可能なため、基本的に引く方向に対してヘッドアップしやすいスプーンやスピナーに比べると釣りやすくなっている。

ただどうだろうか、放流によって管理されているとはいえ、趣味の多様化に比例して魚は小型化しつつあるところも私の周りでは増えている。

私の中高生時代のクラブの遠征での釣りを振り返ると、昔はあのロートルなタックルでも九州のダム遡上の50㎝前後の魚を見ることはあったが、それ以降根こそぎ釣るような釣りを展開してもあの当時のような釣りはできている気がしないのである。

渓流で良型をキャッチするには、基本的によい場所に行き、さらに条件も合わせるようにしたい

適度な増水や濁りは、この釣りにプラスに働く

原因としては第一に放流量、第二に釣り場の環境の変化が挙げられる。

放流によってベースの魚の量は増えるが、成長に必要なエサの問題とのバランスも無視できない。まあ、我々年寄りがもう少し運動しないといけない時が来ているともいえると思う。

そんな環境ゆえ、よい魚を釣るためには基本的によいところに行かないと、実際に釣れることは少ないと考えるべきかと思う。もし、ターゲットが決まっているのであれば、基本的にターゲットと出会える条件を真っ先に考えて行くほうが手っ取り早く、手堅い。

プラグは軽量で小技も利くほか、レンジキープも容易に行なえ、さらにフック数も多いので渓魚に非常に適している

河川のルアーターゲットが好条件になる常としては、適度な増水、適度な濁りである。これらはヒラスズキでいうところのサラシに近い。

もちろん、適度というのも言葉のとおりであり、長い丸太が縦向きに転がるような水量やカフェラテのような水色の濃い場合は無理である。増水や濁りがよいという理由は、魚の付き場がルアーでコンタクトできる確率が上がるところに位置してくれるようになるからだ。普段は岩のエグレや川底の岩の下にいる魚が、遡上目的やそれまでの隠れ場所での水流が強すぎることでアプローチしやすいところに出てくる。なおかつ索餌の面でも流れに対してベイトの偏りや視界不良によって捕食がしやすいために活性が上がる点も無視できない。

濁りについても梅雨時期のように長らく雨が降れば杉林等の原生林以外の地域であっても濁りは取れて釣りがしやすくなる。最近では防災カメラが各河川に設置されており、ライブ映像で河川の色や水量を見ることができるので、天気予報やアメダスだけに頼っていざ現地に行ってみると釣りができなかった、なんてことは少なくなった。

それ以外には水温の上昇。

例えば早春の河川の水温は一桁の場合が多く、基本的に溜まりや小規模ダム等の水温が高いところでの釣りとなりやすいが、日照や気温の影響をいち早く受ける渓流の場合、午後からの釣りがメインとなるケースが多く、早朝より夕方という感じになる。

水生昆虫の活動も朝よりも午後に集中し、釣りやすくなる。また、夜間のダム湖ではワカサギの産卵行動による遡上もある。この場合、増水はトリガーの一因となるが、それによる早朝および暗くなる直前の夕方の釣りも挙げられる。

釣りの環境は昔のほうがよかったか。今は根こそぎ釣るようにやっても当時のような大型が出る気がしない

◉現場に着いたら？

この釣りはそこまで難しいことはない。ナイロン時代から普通に楽しまれてきた釣りだし、放流活動も盛んで、とりあえず釣るだけなら何かしら釣れる。3年間追っているけど釣ってない、なんて人はこの魚種にはいないと思う。まあ、サクラマスならあり得るかもしれないが、基本的に釣れないというのは現場の環境の問題が7割以上あるかと思う。

ルアーに限らず、釣りをするには釣り場の特定が何より優先されることは周知のとおりであり、現場で釣り人がやることはほんの少ししかないと言える。

そのほんの少しの話をここからすることにしよう。

まず概要的にトラウトの核心的な釣りのキモはゾーンの固定だと思っている。

どういう意味かというと、水流のライン取りが重要という意味である。

あたかも反物や長い髪の毛のようにうねりながら水が流れる河川においては、そこにいる魚の索餌エリアは想像以上に狭いことがほとんどである。動く範囲は流れに影響され、狭いときは50㎝スクエアくらいの大きさすらないわけである。そこにまずは何がしかのルアーを通すというのがこの釣りの核心部分なわけである。

数やサイズをねらうなら、アキュラシーキャストはもちろん、ラインメンディング、流れに食われるラインの動きを制御しておくのも重要である し、タックル選定によっても影響が出る。

そのため、ゾーンキープしやすい道具選択が結果に繋がるとも実感している。

冒頭でスピナーやスプーンよりもミノーのほうが釣りやすいという話もこのあたりが要因となっている。スプーンやスピナーは、その重さと抵抗値でゾーンキープすることができるが、逆向き、つまりダウンストリームキャストにおいて、アップストリームキャストとはゾーンキープの違いが出やすいルアーとなっている。まあ、当たり前といえば当たり前である。

いい釣りをしたいなら、アキュラシーキャスト、ラインメンディング、流れに食われるラインの動きを制御しておきたい

シンペンやメタルジグみたいなものゆえ、ヘッドアップした姿勢でのスイムが通常で、魚に対しては常になんらかの動きを見せる必要から、いろいろな小技を必要とするルアーかと思う。スプーン自体ジグで代用も利くことから、湖や淵などの深度にこだわったルアー操作が必要な場合、使う機会が多いものかと思う。

ただし、いかんせん重い金属にしてワンフックというところが、ほぼオートマチックで絡むようにヒットするプラグと比べるとある意味リスクを感じざるを得ない。

シーバスで重いルアー、例えばバイブレーションやメタルジグはファイトにかなり気を使うのと同じように、残念なことになりにくいように操作する必要がある。

そういう理由からのミノープラグを多用することは多い。

ルアー本体が軽く、フックへの重量的な負担が少なく、しかも噛みつくようなヒットが多いトラウトの場合、噛みついた場所にフックがあるか否かはヒットレートに大きな差が出てしまう。

前述のとおり、スピナーやスプーン

はその特性上、リアにフック1本で、さらにそのフックも交換不可という場合も少なくなく、細かい戦略が立てにくいというところも挙げられる。

それと、沈むルアーであるためシンキングレートや目の前の流れに対する現在のルアーポジションのイメージ化ができるまでに把握や修練に割く時間が必要になってくる部分が出やすい。

近年はジグヘッドタイプのプラグもあり、使いやすくはなったかもしれないが、引けば浮いてきて放っておけば沈むルアーというのは飛距離面での問題でビギナーか極端な熟練者以外では慣れるまでちょっと扱いにくいルアーともいえる。

私が標榜するのは獲れ獲れなので、魚を眺めるのが好きな人は好きな道具で好きなように釣って問題ないかと思う。生後1～3年程度の生物が異常に頭がよかったら、我々はもちろんカワセミやサギもエサ取りに苦労するはずなので、基本的にはなんでも思ったもので釣れはするかと思う。

プラグもゾーンキープは容易だが、基本的に軽いルアーなのでキャスティングは難しくなる。とくに、軟らかいトラディショナルな渓流ロッドでは、軽いプラグのポテンシャルを引き出すまでにはいたらなかった。

渓流では水流のライン取りが重要である

釣れないときは、現場の環境の問題が
７割以上あるかと思う

3年間追っているけど釣ってない、なんて人はこの魚種にはいないと思う。

私も突然変異の化け物ではないので、そのあたりはとても当初から気になっていたところである。硬質で、プラグの弾道制御もしやすく、岩の手前や藪からでも短い振り幅でねらえるロッドは必須な道具のひとつとして挙げられる。

渓魚は強烈な引きに対抗するロッドパワーが必要ではないので、硬質でなおかつ軽いロッドを作ることで、ポジションに対するキャスティング能力は大きくプラスになったと言える。

昔、トラウトといえば判で押したように
スプーンとスピナーだったが、現在はプ
ラグの釣りと言える。金属ルアーを使い
たい場合もメタルジグで代用できる

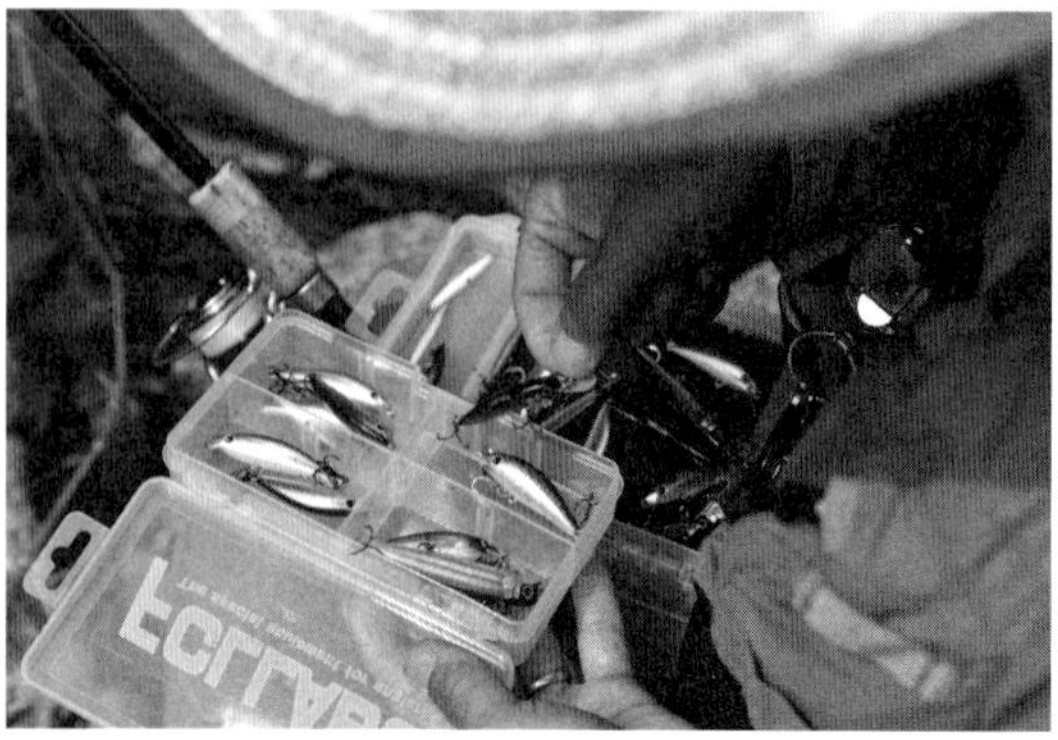

◉上に登るか下に下るか？

通常はアップストリームで釣りを展開するが、川原の歩き方や河川の流れ方によってはポイントを通り過ぎたあとにダウンストリームでキャストして釣るときもある。つまり、原則はアップで例外がダウンという関係になる。

ただし、アップストリームとひと口に言っても、ルアーそのものはゆっくり引けるゾーンを意図的に選択しているわけである。流れが押していれば、その反作用で反対向きの水の流れが川底やメインカレントの脇で起きる。その隙間や反転の流れの中を比較的ゆっくりと引いているというのが現在の渓魚の釣り方の基本となっている。もしくは、メインカレント側にねらいをつけて、ルアーを真横やダウンクロス気味に切るように上から操作し、それに追いついてくる魚を釣っているという状況である。

すでにたくさんの釣り人が教科書的にそれをベースに釣りをしているだろう。

そのため、ある程度水温が左右する部分が出てきや

硬いロッドを使うほうが低い弾道でねらったピンスポットへ正確にルアーを届けやすい

釣り上がって行くのがこの釣りの基本スタイル。さらに、姿や気配を察知されないように配慮したい

釣り上がって行くという基本スタイルはアップクロスキャスト中心になり、その際はルアーそのものをゆっくり引けるゾーンに入れていくのが正攻法だ

私自身やることはないが、しつこくその場から動かなければ、再びハッチした虫などには反応しだすので、投げ続けずにじっと待ち続けることでキャッチできることもある

釣り堀と違い、ポイントに立てば砂時計の砂が減るがごとく、釣れる確率も目減りしていく。

すい可能性も否定できない。水温が低いとアップストリームで追いきれない場合も多々発生するので、そこを踏ん張ってなんとかゆっくり引けるように工夫することが必要になる。

流れ側の隙間にダイレクトに打ち込むようにキャストして、ある程度のレンジをキープできるようにしてみたり、開始位置をシビアに調整して、場合によっては淵の上からフライでいうところのドライに相等するタイプを水に沈めて釣るような釣りも多用する。

そういうことをやればアップストリームでも攻略できるスポットが増えて取りこぼしも非常に少なくなる。使うルアーは7割前後スローのフローティングかシンキングになる。ズドンと沈むタイプより、どちらかといえばルアーを大きくするか、もしくはディープダイバーに頼ったりする。

書くまでもないが、管釣りで釣っている魚と同じ魚なわけで、管釣りで通用する釣りはネイティブな現場でも普通に通用する。例えば、そこが砂や細かい泥の場合、ダイバー系のルアーのビルで砂煙や土煙を立てるようにすることはネイティブな場所でも使える方法のひとつだ。

ビルにオモリをつけて底を細かく引っ張ったりすると思わぬ大ものがヒットしたりする。あとはバス釣りのジャークベイトの操作のような方法でもストライクを取ることは可能である。

　プラグのアクションについて、アップストリームの場合はルアーにもよるが、その日のヒットパターンがレンジキープの場合というのがあり、トゥイッチを入れずに気づかせたもの勝ちのようなパターンが頻繁にある。もっとも、これまでの経験上、魚の慣れの問題もあるので、しょっぱなから取り入れるよりもあとから変化を加えていくほうがよいかと思う。

　釣り堀と違い、ポイントに立てば砂時計の砂が減るがごとく、釣れる確率も目減りしていく。ただし、しつこくその場から動かなければ、再びハッチした虫などには反応しだすので、投げ続けずにじっと待ち続けることによって結果が出る場合もある。とはいえ、基本的には1スポット5～10キャスト以内だと思う。エリア的にたくさんいる場所ならいい筋に1～2キャストで移動していくほうが多い。魚も人為的もしくは自然な状況で溜まる場所があるので、そのあたりを探すほうが釣果への早道かと思う。

◉源流、本流でのロッド考

　これまでに触れたことでもあるが、トラウト系は捕食時の吸い込みはバス系の魚に比べると弱く、鼻が曲がった魚にはとくにその感が強く、ということは噛みついているわけで、そのフッキングのきっかけを得る部分は、バスのそれより早く短いはずで、そのため私はルアーのフック数は少ないより多いほうを選択しがちである。

　ロッドもその一瞬の噛みつきでフッキングのきっかけを作る必要性から、硬いティップのロッドを使っている。

　もちろん、ラインはPEにし、フロロリーダーを用意している。そうすることでフッキングのきっかけとなる初期のチャンスを多くするという考えを持っているわけだ。

一瞬の噛みつきでフッキングのきっかけを作れるのは断然硬質のロッドに軍配が上がる

　渓魚のほとんどは重量が500g以下で、500gあれば記録級の個体である。
　通常は100～200gあたりだ。それが引っ張るルアーを追いかけながら食いつくわけだが、みずから口にルアーを押し込むように食いついてくれる。しかし、魚はすぐ反転するものもいれば、そのままの魚もいる。
　フッキングの完成に一時的に100g以上の力が必要だった場合、それは魚が動かないうちに鋭く行なう必要があると思うわけである。
　大抵の場合、グネグネし始めてからロッドを立てる場合が多いはずである。となると自分でフッキングというより相手任せ、ハリ頼みでフッキングしている可能性を否定できないわけで、そうなると伸びのあるタックルより伸びのないタックルのほうが素早く初期フッキングのリカバリーができることになり、硬めのセッティングは必然だと思うわけである。

渓魚のほとんどは重量が500g以下で、500gあれば記録級の個体である。

ヒラマサを筆頭とするショア青もの考察

フロックではなく、的中させる難しさ

決して楽に取り組めるジャンルではない。しかし、そこがこの釣りの歯ごたえ。幾多の経験からショア青ものというジャンルを冷静に俯瞰した舌鋒に経験者も未経験者もうなずくに違いない。この釣りには技量、体力、知力、そして魚運という引きの強さも必要かもしれない。

◉分母の小ささ

ショア青ものを語るには、いくつかの点で理解しておかなければならない事柄がある。基本的に魚はいないところで釣れはしないということだ。ごく当たり前のことだが、本当に理解しているアングラーがどれほどいるかは怪しいところである。

基本的に、青ものと呼ばれる魚でショアラインに縛られている種類はかなり少ない。つまり、生育範囲はかなり広い。解りやすく言えばスズキは大抵の場合、水深50m以内の沿岸部でよく見られる魚で、100mのジギングで釣れることはほとんどない。従って沖にはいない魚と言えるだろう。それを考えるに、岸寄りでねらえばその生活圏に近いという意味合いでは釣りやすい魚とも言える。

だが、青ものはそうではない。水深300mでも普通にいるし、沖合の中層にももちろんいるわけである。つまり、ショア青ものという釣り自体は基本的に全体生存数のわずか数%をねらうことになるわけで、確率は最初から低いということを考慮しておく必要がある。

どこそこで何kgが上がったなんて話は、魚そのものが少なくなった日本近海ではただのまぐれ話に毛が生えたようなものと言われても過言ではない。岸から普通に釣れるなら1時間半もボートで沖に行ってジギングする必要はない。それでも季節的要素、つまりベイトの接岸や青もの自体のマイグレーションの一部がそこに差しかかることによって魚がヒットするわけである。そのため、ベースである沖寄りの海水の影響を受けやすい離島や沿岸部でも釣り

未知の部分が多いためリアリストよりは酔狂にふさわしい釣りである

地形では長い岬や深海からのコンタクトがより近い場所が有望とされる。

が成立する可能性は残されている。地形では長い岬や深海からのコンタクトがより近い場所が有望とされるわけである。

また、養殖関連の同種の誘因で施設に居着いてしまったり、台風などで逃走した個体も対象となりやすい。小型の幼魚に関しては接岸する機会も多いが、大型魚体になるとより摂餌に効率のよい大海側への遊泳が見られる。そんな状況を頭に入れつつ魚釣りをする必要があるわけである。

ということは、今釣りに行こうとしているターゲットは広い海の中からなぜそこにいるのかを考える必要があるわけである。

青ものを絞り込んでいくには、広い海の中からなぜそこにいるのかを常に考えておきたい

幼魚に関しては春と秋以外の季節にも接岸する機会が多い

回遊や索餌の観点からすれば、沖の潮がダイレクトに当たる釣り場が可能性は高くなる

魚を掛けてキャッチするというサンプルが集まりにくいため、解明のピッチも上がっていきづらいという側面がある

◉可能性は点在するが

四季のなかで、秋は大まかにはベース水温の低下とともにエサの南下が始まり、それについて青ものなども回っているパターンになると思う。例えば夏の間は広い湾内で育ったイワシが湾内の水温の低下とともに湾の外に出ていく。その際に待ち構えてそれを食べにくるという具合である。

日本列島の沿岸そのものを大きく上下しているものも中にはいるだろうし、遠く韓国沿岸からの南下もありえるわけである。瀬戸内海側のベイトの移動にも反応するだろう。大型河川の河口側にもベイトが差す要因があれば、そこに青もの

ベイトの供給が頻繁にあって潮通しのいい釣り場が大前提のようなところがあるが、冷静な目で見れば、青ものはさまざまなところに出没するので、そこも意識しておきたい

が入ってくるケースもあるだろう。ただ、ルアーターゲットとした場合、それはあまりにもボーナス的要素が強く、リスクを伴う。

　リスクとは時間、換言すれば手間のことである。船で釣ればごく普通サイズの6kgの青ものは岸から釣れば大抵の場合トロフィーサイズである。だが、それを釣る手間は船の数倍から人によっては数十倍の時間が必要になる。釣りとは魚をいかにハリに引っ掛けるかという修練の連続の末に上達するわけだが、個人の楽しみを除いて他人にしゃべるには年間数えるほどの釣果ではなかなかうまくしゃべれないわけだ。

　まあ、泣き言はこれぐらいで、では具体的にはどうするのか？

◉実戦に向けて

　まずは急潮の当たるような場所。型に縛られなければ、そこまで気にせずとも沿岸部のベイトの群れに付いているのがシーバスなのか青ものなのかを見極めていけば別に遠い魚ではない。ただし、そういった場所に魚を見つけても大抵の場合大きければ1尾釣れたら終了、もしくはなんらかの偏食を感じるようになる。ウジャウジャいるような場所を見つければ幸運だが、個体数の維持の問題から同じようなラインでバンバンヒットするというのは、大きな群れの一時停止のような状況であって、通常は居着きの縄張りを持つような魚がそこで釣れて終了というパターンになりやすい。

　秋に磯からの釣りをやっていると、どちらかといえば同じ場所からというよりも微妙に投げるラインを変えていくと魚が出てくるという、ある程度のエリアに散らばる魚を拾ってゆく感じを受ける。

相手が大きければ、大抵の場合１尾釣れたら終了となる釣りであるだけに、ワンチャンスの重みは計り知れない

　問題なのは、水温が高いと魚の頭が回るので連続して釣れないとか、大きいルアーに食いつかないとかあるわけで、そうした時のベイトに合わせたルアーの選択が問題なわけである。
　まあ、大まかにシンキングペンシル系、ダイビングポッパー系、ミノー系、ジグ系ぐらいであろうか。先にも言ったとおり、魚は岸にべったりと付く必要はまったくないので、マッチザベイトのほかにフィーディングゾーンへルアーが届くのかという問題もある。
　つまり、小型のベイトを食べていると解っていても沖合100mだと届かないわけで、仮に届いたとしてもラインが細すぎると魚が強いので手前の根をクリアーしきれずランディングできないというシーバスやブラックバスなどでは出てこない問題に直面する。
　30gのジグに食いつくのが30cmの青ものなら問題はないが、

青ものが動く範囲はかなり広い。まず居場所の答えを合わせたら、次は潮下や潮上を考慮した釣り座や投入方向、そしてタックルやルアーのセレクトなどクリアしなければいけないことが多い

有効かつ実績のあるルアーはシンキングペンシルやダイビングペンシルやポッパーなどのトップ、ミノーやメタルジグなどだ

青ものを獲るうえでは、タックルのタフさ、ルアーのサイズ、ルアー自重や飛距離が切実な問題となる

90㎝だと大分違ってくるからである。

基本的に魚もいつも同じ場所にいるわけではない。そのためポッパーやジグなどについてきて手前のベイトの反応から手前でボイルや索餌行動を取ったりもする。ただし、途中でヒットしなかったルアーそのものやベイトやエサに近いものを使うかはその時の状況によるだろう。

流れやサラシがあればヒラスズキ同様に食わせやすくなる。小型ジグやシンペンを手首が痛くなるほどトゥイッチして誘ったり、考えられることはいろいろやっておく必要がある。

ただし、タックルの強弱が結果に反映するこの釣りの場合、そういったことはヘビータックルではまず無理になる。そうすると普通はやらないシーバスロッドに50～60Lbのリーダーと30～40LbのPEでの釣りを強いられたりする。そうなるとややサーカスじみた釣りになりやすい。まあヒットしたものは頑張って釣るのが釣りとは思うが、10kgの青ものの走りを止めきれることはそうそうないわけで、普通はせいぜい頑張って5～6kgに落ち着く。タックルが大きければ獲れるのにと思う

基本、握力がこの手の釣りには不可欠となる。

人も多いが、重たい青もの専用タックルを使いこなすのも個人差がある。基本、握力がこの手の釣りには不可欠となる。いろいろやって胸板や腹や腕を筋肉質に変える人は多いが、魚釣りでは根本的に握力が問題になってくる。健康で若い人なら60kg以上は必要。おじさんでも50kgは欲しい。それに魚を見て素早く巻ける反射があれば10kgオーバーの魚は上がると思う。

シーバスロッドでもうちょっとで上がるのであれば、リールを大きくしてラインを1.5倍程度にすれば上がりやすくなる。これは巻き上げのパワーアップと魚のランニング時のプレッシャーをかけやすくするための二点からきている。ただし、ロッドはそのままなので小さいリールと同じような扱いはNG。常にバット側に逃しながら魚が疲れるのを持ちつつ寄せてくる動作がよい。

ショア青もののファイトのネックである手前での魚の扱いがうまくいけば魚は上がるわけで、そこを素早くなんとかすれば魚は見えてくる釣りではある。

だが、ただでさえ機会が少ないのにこのパターンはどこでも練習できないという問題がある。そこでおすすめなのが南の青ものだ。GTやカスミアジ、バラフエやアカマスなどである。そういった魚は基本としてリーフ沿いを泳ぎ、ショアラインの釣りには向いている。

南の磯である程度やる機会があれば魚にも慣れるし、手前のドロップでの魚の処理で失敗もしなくなるし、何よりヒラマサが最強なんて馬鹿なことは言わなくなる。

南海の青ものであるGTやカスミアジ、バラフエやアカマスなどでトライ＆エラーを繰り返せば、ヒラマサやブリやカンパチに応用できるスキルも身につく

ポータブルボートの利便性

手軽で浮かべる場所を選ばない強み

釣りをやっていれば、誰でも一度はあとちょっと前で、あるいはあの鳥山の下にルアーを入れられたら……と指をくわえて考えたことはあるだろう。ポータブルボートはそれを可能にしてくれるギアであり、カヌーやカヤック、ゴムボートなどさまざまなタイプがある。

◉バリエーション

オカッパリをしていると遥か沖の届かないラインに魚群れを発見することがある。あと100mでいいから沖側から投げられたらきっと魚が釣れただろう、と考える人も多いと思う。私もそう考えていたときは当然ながらあった。

近年はショアラインからポイントへのアクセスの問題もプラスして魚自体が釣りにくくなってきた。そういうときにカヌーやその他のポータブルボートの存在は大きくなってきていると言える。それがあるとないでは、実質的に釣果が大きく違ってくる。恐らく岸と船では10倍違うといっても言い過ぎではないだろう。趣味としての価値観に違いはあると思うが、結果にこだわるならボートは絶対にあったほうが得である。

この有効性は30年以上前から私自身も認めている。

夜のアカメ釣りや橋脚周りのシーバス、遠浅の浜からのブレイクライン沿いのシーバスなどなど、圧倒的に結果に反映する。まあ天気や海況を予想するのは必須事項ではあるけれど、それさえクリアするなら魚を持ってくる有力なアイテムのひとつといえる。

魚釣りという行為が可能な、というくくりにおいてポータブルといっても下は10kg程度のカヌーやフロートチューブ、エンジンマウント付きゴムボートまでさまざまで、自分の要求に応じていろいろな選択が可能となっている。

その航行範囲は検査付きエンジン船ならおおよそ沖合3マイル以下で、出発地点に1時間以内に帰還できることが目安となっている。これを標準として考えれば、手漕ぎのポータブルボートは沖合1km以下、検査不要のエンジン船で3km程度が安全圏内かと思う。どちらかと言えば岸から1km以内での釣り場の拡張のほうが主な目的となるだろう。決してジギング船の代わりになるというわけではない。

私が現在持っているポータブルボートは4種類である。

川や池で釣るときは1人乗りのシットオンタイプのインフレータブルのカヌー。次に、海で使う3人乗りのカヤック。海だと波が立つので安定性を重視してアウトリガー付きの2人以上で漕ぐタイプにし、移動の少ないシーバスやクロダイのトップゲームに使っている。

あと少し沖、陸からでは絶対に不可能な角度からのアプローチ。これを手軽に実現させてくれるのがポータブルボート

最近は3m以下のジョンボートタイプも入手してエレクトリックモーター（エレキ）を付けて同じような釣りに使っている。

それに加えて6馬力のエンジンを搭載した板底タイプの4人乗りゴムボートである。

同じ港であっても固定されたエリアの一箇所であればいいのだが、行き先が対岸になった場合やカレントが強かったり、小波が立っているとどうしてもエンジンが必要になってくる。それと船の場合は立って釣るか座って釣るかは大きく違いが出やすい。ショアラインでヒラマサのキャスティングをやろうとした場合、座ってはなかなか飛距離的に厳しい部分が出やすいのと同じである。

ボートが小型ゆえに魚へのプレッシャーは少ないというメリットもある。平水であればカヌーと違って立って釣ることはもちろん可能となる。鹿児島の錦江湾などの平水指定で急深の場所なら、岸から1〜2㎞でもブリやカンパチなどを手軽に釣ることもできると思う。

結果にこだわるならボートは絶対にあったほうが得である。

船外機やエレキで快適に、そしてミズスマシのように静かに進むゴムボート

ポータブルボートも遊漁船も沖釣りだが、質はまったく異なり、他ジャンルの釣りと考えたほうがよい

1人乗りのインフレータブルカヤック

ゴムボートのよさはキャストややり取りを立って行なえるところで、これはカヌーやカヤックではできない

3人乗りのカヌー

◉ゴムボートの釣り

ゴムボートについては約25年前に与那国島に15馬力エンジンと5人乗りのアキレスのゴムボートを持ち込んでしばらく滞在していたことがある。

当時は船籍港から5海里（5マイル＝9・26㎞）の取り決めだったが、なかなか快適な釣りができた。カジキは2回ほどヒットしてヒヤヒヤものだった。凪の日限定の使用だったがかなり満喫できた。

現在は法廷備品の問題等があって船の上が狭くなるので、かなり艤装しないと4人乗りでも2人の釣りはきついかもしれない。我々はキャッチ&リリースなのでそこまで手狭にはならない。ただ釣っては逃がすのを繰り返すのみである。

夏のある日、このときは後輩の桑野伸司くんと出かけた

2人いる利便性は、取り込みなどを互いに協力し合えるところだ

佐賀県の伊万里湾もポータブルボートの釣りに適した平水域で、夏はトップシーバスやクロダイが楽しめる。ポイントには出航して10分足らずで到着する。ポイントの可能性を測るのはこの時期になると入ってくるイワシの群れである。まあ、希薄でもそれなりに反応はあり、何尾かは釣れる。

密談、猥談、歓談に興じつつ釣りに勤しむ

あとが続かないと移動するわけだが、例えば2㎞先で鳥の旋回が起き始めたというような場合は、エンジンのありがたみを実感する（しかも、この時はカメラマンもいて、取材艇を曳航していた）。

船外機で現場に急行し、ポイントに近づいたらエレキで静かに進入、あとはトップでアプローチする

目指したポイントに着くとシーバスのボイルが起こっており、傾向を言うと北風が吹いているときは南が釣れ、南風が吹いているときは北が釣れるという感じである。

時間的には夜明け前後の活性が高いが、沖だと朝の時合を過ぎてもあちこちでボイルを確認できる。エンジンで近づいたあとにエレキに切り替えてゆっくりと流しつつ、ペンシルやスイッシャーをボイルに投げ込んで水面をもがくように操作すれば比較的簡単に水面が炸裂して魚が乗ってくる。

港から2㎞圏内の朝のお楽しみという釣りだったが、この種の釣りは、ほかに大村湾のクロダイやシーバスでも行なうこともできる。

佐賀県の伊万里湾や長崎県の大村湾、鹿児島県の錦江湾など、波が穏やかな湾内はポータブルボートに適した海域

◉ゴムボートの要点

ゴムボートのメリットはやはり機動力の高さである。ちょっとした海岸から出航できる。エンジンを外せば大人2人でならなんとか運べる。安全性では座礁事故を除けば浸水はほぼ100％ない。立って釣ることも可能である。保管場所の問題もあるが、沖へ行く船としてではなく、ちょっとした遊びや調査で使える手軽さを考えれば、デカい船体をトレーラーで引っ張り回してはみたものの、降ろせるところがないという目に遭わない。

係留している港からだとワンパターンの釣りになって、しまいには飽きて行かなくなるなんてこともあるが、ポータブルボートにはそれがない。まあ伝馬船レベルの釣りを引きずれるインフレータブルというアイテムで手軽に行なっているというあたりだが、そこがメリットともいえる。

デメリットも若干ある。たとえば風に弱い。浮力が高いので喫水が浅く風の影響を受けやすいのだ。そのためエンジンやエレキを併用することでそれをリカバーする。カヌーなどもほぼ同様のデメリットになるので、パラシュートアンカーなどの併用がないと風の日は釣りが難しくなる。

6馬力エンジンだと2人乗りで時速12㎞程度は出すことが可能である。ポイント移動もかなり楽だ。

気をつけることといえば封入する空気の圧力ぐらいだろうか。自動で圧力を調整するポンプを使っていれば規定の圧力を保持できるので安全だ。

ふたつある大きな気室の片方ずつに8割ほど入れて気室の隔壁をまっすぐに保つようにする必要がある。片方をパンパンに入れてからもう片方を入れることは決してやってはいけない。

ゴムボートでの釣りでおすすめはルアーのトローリング。シーバスのボイルがあるような場所だととくに有効だ。時速5㎞程度で小型のミノーやバイブレーションなどを40～50mほど流す。船を止めていろいろするのもいいが、ある意味で簡単に魚を釣るには、また魚の居場所を特定するなら、魚探を見ながらのトローリングが一番である。釣れた理由も場所も非常によくわかる。その後のキャスティングの釣りにも影響があるのでデータ蓄積にはもってこいである。

係留している港からだとワンパターンの釣りになって、しまいには飽きて行かなくなるなんてこともあるが、ポータブルボートにはそれがない

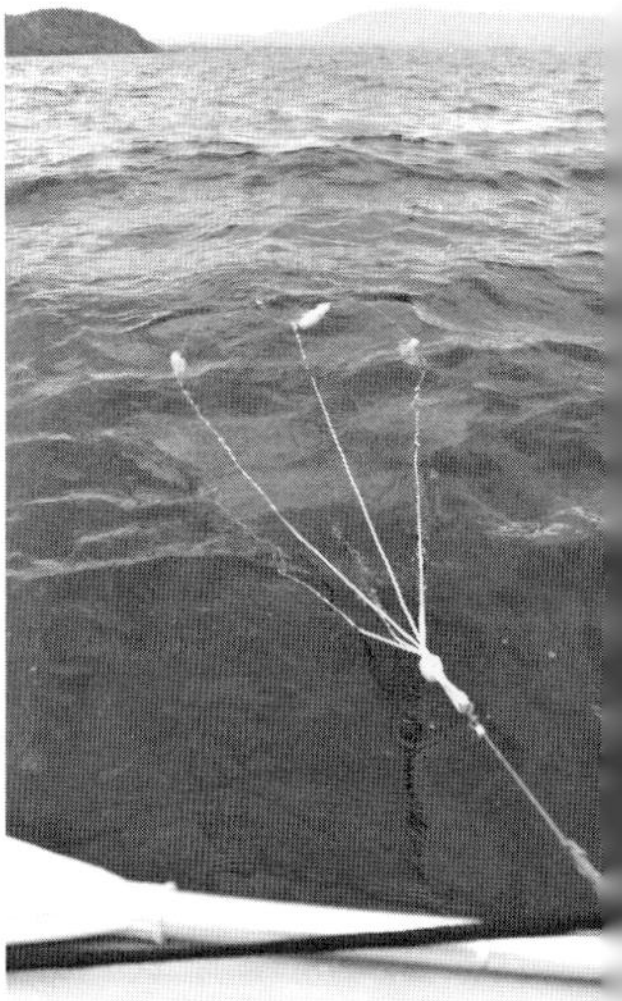

パラシュートアンカーは備えたいアイテム。ゴムボートやカヌー、カヤックは吃水が高く、風の影響を受けやすい

船外機は使用後に海水を抜き、燃料も抜いて保管する

鑑札を取得するのもトラブルを未然に防ぐ対策のひとつだ

2人乗ゴムボートを折り畳むとワゴンのトランクに余裕で収納できる大きさになる。商用普通乗用車なら2セット乗せられるほどの大きさになる

空気は車のバッテリーから取った自動ポンプで封入するのが楽。それぞれの空気室に8割程度ずつ入れていく

使用後はそれぞれの道具をこうして乾かす

青もののボートジギングを考える

あらゆる可能性を排除しない

決めつけほど恐ろしいものはない。
こういうジャーキングでなければ魚は釣れない、というのは真実だろうか。
体験的にはジャークの種よりもスピードのほうがよっぽど関係している気がしている。
そのうえでは人間の域を超えた電動リールのスピードは無視できない。

◉ある割合

さまざまなジャンルの確立、また季節の変動により、ボートに依存するアングラーも多いことだろう。ボート釣りはタイラバやジギング、ティップラン等の多岐にわたる釣りであるわけだが、基本的に人頼みの魚釣りであることには変わらない。つまりハンドルを握っている船長のポテンシャルによって釣果に影響が出るわけである。

釣れない原因の3分の1が海況による自然的要因であったとすれば、あとの4割が船長のポイント選択、1割5分程度が技術的な要因、残り5分はその人の持っている魚運（笑）のようなものである。

もちろんすべての日にちが均等に割り振れるものではない。

日によっては5割や3割の日もあるだろうし、釣り人側の傲慢さ、つまり選択枠の狭さや釣法も結果に影を落とすこともあるだろう。

もちろんそうした人もジグの選択やルアー選択の大きな違いでなんとか釣ろうとするのは悪いことではない。先に述べた大きな要因のいくつかを好転させることで釣果を獲得する可能性を上昇させることができるだろうから。

いずれにしろ、大きくなっても決して小さくならないのは船長のポテンシャルのパートである。つまり、船長の判断が釣りに影響する割合は、大きくはなってもよほど魚がいるときでない限り小さくなることはない。まあ、沖合1時間の場所で釣りをする自力手段がない場合、どうしても他人に頼るのは仕方のないことで、その人がそこらあたりの釣りに詳しい人である場合、その人を頼るのは至極当たり前である。でなければ自分でボートを買うしかないし、自分がそういうレベルに行くまで多くの時間と経験を要することになる。手っ取り早く釣った魚を自慢したい人にはそういうプロセスは必要ではない。結果は結果であり、たとえバックに強力な助っ人がいようがいまいが表向き魚を持つのは自分だからである。

そういった意味合いで有名船に人が群がるわけだが、長さ10m前後の船に片弦7～8人、両弦のところもあるが、びっちり並んで、ジグを上下して一日たいして魚が行き渡らないのは当たり前である。

そんな船を頼る時点ですでに大きなリスクがあることに気づくことが先決と言えるだろう。

中にはもちろん承知のうえに乗らざるを得ない

釣れるにも釣れないにも要因があり、さらにそれらはさまざまに分類できる

いずれにしても釣り人はジグを変え、重量を変え、アプローチを変えて釣れる確率を上げていかないといけない

上位の釣り人を目指すなら漁師に負けないくらい釣るのが当たり前だ。

人もいるだろう。しかし、そうであればあるほどそこはよくよく吟味しないといけない事柄であると思う。まず、よくあるのが自分は何をしに行っているのか？　魚釣りはいろいろ薀蓄が多い。他でも述べたが、漁師じゃないからというゴタクも多岐にわたってつぶやかれる。

いずれにしろ名前のとおり魚釣りの最終目的は魚を釣ることであり、漁師もレジャーも関係ない。もし上位の釣り人を目指すなら漁師に負けないくらい釣るのが当たり前だ。ではプロの漁師さんはどうしているのか？

もし魚だけで生計を立てるなら基本的に失敗は少なくするように努めるだろう。つまり、負け戦には行かない。浪費を避けるわけである。釣れそうもない日なのか否かはシビアに考えて、なおかつ旬やレア度に応じ、単価を考えた魚釣りを展開するはずである。

一方、我々素人は自分の休みに合わせて、なおかつ船によっては予約を何ヵ月も何年も前から入れるというリスクを冒し、なおかつ大型船の場合は天候が悪い状況でも釣り場に行けてしまうため、大抵だめな確率が高くなることが多い。

自分が船に出した元手と漁獲の割合を年間データにしてみれば概略その船に乗るべきか否かは出てくるはずである。それこそ家族や釣りしない友人から言われるように魚屋で魚を買ったほうが安いと言われても仕方がない。

遊漁船の船長に頼る部分の多い釣りだけに、こうでなければならないととらわれず、自由にできる部分はもっと自由に取り組みたい

◉人数の関係

ジギング等の大もの釣りをする場合、船に一度に乗る人数は少ないほうがよい。

船が止まった海底に降ろすジグの本数分の魚がいるとは限らないからである。あなたがもし初心者もしくはそれに近い釣り人であった場合、高いお金を出したとしても船の人数が少ない状況で釣りをすることが望ましい。とどのつまり小さな船をチャーターすれば凪の日に近い状態しか出船しないし、少人数で釣るのでポイントあたりの魚とのマッチング率も上がりやすくなる。凪の日に船酔いもなく、潮もかぶらず人とも争わず、気にもならず、という要素が重要であるなら、迷わず小型のボートのほうがいいと言えるだろう。キャスティングであるならなおさら少人数化は重要である。

大きな船であっても、左手右手のどちらからで

少人数で釣るのでポイントあたりの魚とのマッチング率を高めるため、少人数による釣行のほうが分がよい

も投げられる人でなければ4人が限界である。多くても5人、それ以上は意味がない。小さな船なら2人、多くて3人が限界である。

もちろん、大きな船には大きな船の利点もある。遠くに行けるということだ。小型のボートだと天候を選ぶという点で行ける日がたしかに限られる。これが大型船だと逆に行けなさそうな日にも行ける部分がある。ただ、そこをよしとするか否かは個人的な問題もある。船酔いや飛沫などの不愉快要素をものともしない修行僧のような釣り人であればそれはメリットとして挙げることができるだろう。

ジギング等の大もの釣りをする場合、船に一度に乗る人数は少ないほうがよい。

大きな船には小さな船にはない利点もある。遠くに行けるところだ。どちらを選択するかはケースバイケース、人それぞれだ

◉決めつけないこと

私が個人的に考えているのは、ボートの場合は船長に依存しないこと。

とにかく雰囲気を掴むところは大事にしている。船に対するポイントの切れ具合やベイトの浮き加減などをよく見ている。

水深が深くても30m以浅に魚群が映るような場合はサーフェスの様子をじっくりと観察して、ちょっとでも怪しい場合はキャスティングに切り替えたりもする。

ジギングに関して言うとすれば、朝の釣れ方と太陽が高い位置にあって光量が多い昼間のルアーのスピードに関しては気を置くようにしている。つまり浅いラインでジギングした場合、朝夕は光線量自体が少ないのでなんでもよく食う可能性が高いが、太陽光が強く当たり出すと基本的にルアーの視覚的な部分は大きく変わる可能性がある。まあ、船によっては昼近くにバタバタ釣れる船もあるので一概には言えないが、ルアーに対する差が出るとすれば光線量は無視できないと思っている。そのため昼と夕方は釣れ方をよく観察する必要が出てくると思っている。少人数だと釣り方を変えてもそこまで船内は混乱しないのである意味自由度は高い。

気候的要素や他人のポテンシャルに依存できそうもない場合、コツコツ釣れるものを釣って稼い

流れによって船自体が動くので、どういう角度からポイントに入っていくかやベイトの浮き加減などをよく見るようにしたい

ルアーに対する差が出るとすれば光線量は無視できないと思っている。

でいくというやり方をアングラー側で行なう必要がある。もちろんどっちつかずに終わってしまう可能性もあるのでキャスティングなら一日キャスティング、ジギングなら一日ジギングというやり方も悪くはない。

しかし、船の釣りではアングラー側がやれることが固定されやすい。釣具屋の店員さんなどからジギングのジャークの仕方をレクチャーされたり、ジグの解説を詳しく受けることで病気になってしまう釣り人も多い。

基本的には、ジギングでジャークの仕方はそんなに関係ない。それならスピードのほうがよっぽど関連性が高い。我々が行なう手巻きのルアーフィッシングは、ルアーの動きが遅すぎることはあっても速すぎることはないからだ。

船のトロールスピードは基本として5～7ノット程度。速くて8ノットくらいだが、残念ながらそのスピードには達していない。1巻き1mのリールを着底から巻き上げ、1分以内に90m上までジャークしながら巻き続けるのは実にしんどい作業である。ところが電動リールではそれがやれる。5ノットは出なくても4ノットあたりまでは出ているだろう。大型のリールでやればもっと速くなるだろう。そうなると手巻きでぜんぜん反応がなかった、もしくはたまにスレでヒットしていた程度の魚が普通に口にヒットするようになる。今までジャークで講釈を垂れていた連中に説明してもらいたいくらいである。もし、まじめにジギングするなら手巻きと電動の両方を持っていくほうがよい釣果が出るだろう。そのほかある程度考慮すべき事項を上げるとすれば、潮、魚の索餌エリア等が挙げられる。海は単なる塩水たまりではなく、酸素量やプランクトン、水温、流れ、塩分濃度等のムラがあるわけで、そのムラの中に暮らす魚の場合、とくに他の魚を狩って生きる魚には見切りやバイトの判断基準はあるかと思える時がある。

青ものジギングのメイン魚種のひとつであるブリ。ほかのメインターゲットに比べると比較的キャッチしやすく、経験を積むにはいい魚である

例えば、春のジギングと夏のジギングはヒットの割合が表層近く、底近くというのが出てきたり、そういったことに違いを感じることが多くなり、魚探で見ればベイトの群れが表層ラインやや下にたくさん映るようなときは、やはりそれに応じて表層に魚はいるわけで、そのエリアでのヒットが多くなる。

ただし、気にしなくてはいけないのはターゲットがどこのラインまでを活動域としているのかである。

エサかどうかわからないものがゆっくりとシャ

電動ジギングは、老体が楽をするために取り入れる手法なのではなく、人間の巻きでは表現できないジグスピードを生むためである

くられて上層にドンドン上がっていくのに対し、魚もちょっと上まで様子を見ようとしても水温の壁があったり、もしくは自分がいるところにテリトリー意識があって、活動限界域が魚側にある場合やエサを食べたら元に戻るという執着から距離による縛りが出てきたりする。そんな絡みの中で、魚は最終的にその活動域から出ていき、食いつくかちょっとだけじゃれ付いてみようとするところからヒットに繋がっていくのではないか、という可能性を考えている。

ジグだと平均20～30m上げてしかヒットしないような日に電動リールの140m／分で高速巻き上げしてみると、同じような場所での口周りの外掛かりやボディーフッキングが多い手巻きルアー

ジギングのメインターゲット、ヒラマサ。手巻きにまったく反応しなくなった時間帯に電動ジギングで早巻きすると即刻反応が得られた

即座に反応させるには、人の手では実現し得ないスピードがかなり有効というのが否定できない。

南方や太平洋岸に多いカンパチは活動域がはっきりしている魚のように思う

に対して、タッチアップ直後に底から5m以内で顕著にヒットしたりする。しかも、フックはしっかり口中というパターンも多い。即座に反応させるには、人の手では実現し得ないスピードがかなり有効というのが否定できないのだ。

　一日を自分が思うように調整して釣るうえではそのあたりの観察が必要な気がしている。もちろん、これは青ものの話であり、おもにブリやヒラマサの話なので他魚には別の部分があると思うが、カンパチはその活動エリアの層を感じる時が結構ある。エサを落とせば底べったりで釣れるが、ルアーだと水深200mで底から40m上なんていう状況になることがザラだからである。つまり、もっと言えば偽物は偽物として考えて使う必要があるということである。

　もちろん、クロダイの項でも述べているが複数の魚による競りが行なわれた場合、それはかなり長くなったり、着底後すみやかにかつ顕著に反応したりする可能性もあると思う。より大ものを釣るために、小さな魚を振り向かせるというのはある意味理に適っているかと思う。

◉ロッドの質やタックル数

　ティップの硬いロッドかタイラバみたいな軟らかいロッドなら、迷わずある程度の硬さのあるロッドをおすすめしたい。なぜなら、我々はジャークでセットフックするわけで、そこが軟らかければ魚は一瞬アタリはするが、すっぽ抜ける可能性が高いからである。

ジギングをやるにもロッドは硬めが合っていると考えている。フッキングチャンスを逃さないためだ

スローでもある程度硬いロッドのほうがやりやすいという見方もある

　ある程度のジグの移動がきっちりできる硬さを持ったロッドであれば、きっかけとなる一次フッキングは自動でできるのである。まあ、糸電話みたいに「いま触った」と一日言っているだけで満足なら軟らかくてもよいと思う。スローであってもその点には肯定的な意見もあるように思う。スロー向けの低伸度PEが販売されているからだ。つまりロッドが軟らかいとフッキングしにくいということを自ら言っているようなものだからである。

　寒い時期に入れば、釣れる場所が沖に位置し、青もののジギングやキャスティングの好機になる。そんな時期はキャスティング1タックルに15～20㎝の細身のポッパーかダイビングペンシル、ジグは水深の2倍程度の重さ、電動ジギングでは2～3倍程度の重さを標準に使うといいだろう。

オフショアの青ものに行くならある程度タックルは多いほうがよいが、キャスティング１タックル、ジギングは手巻き１タックルに電動ジギング１タックルの構成で臨むとよい

マイボートの釣り

沖釣りを自在に満喫するために

ボート釣りといってもスタイルは幾通りもある。釣りを成立させるのに不可欠なポイント選びはもちろんだが、船の大きさによっても異なり、レンタルという手もある。違いを知り、いずれも体験することで、より沖釣りに精通することになる。

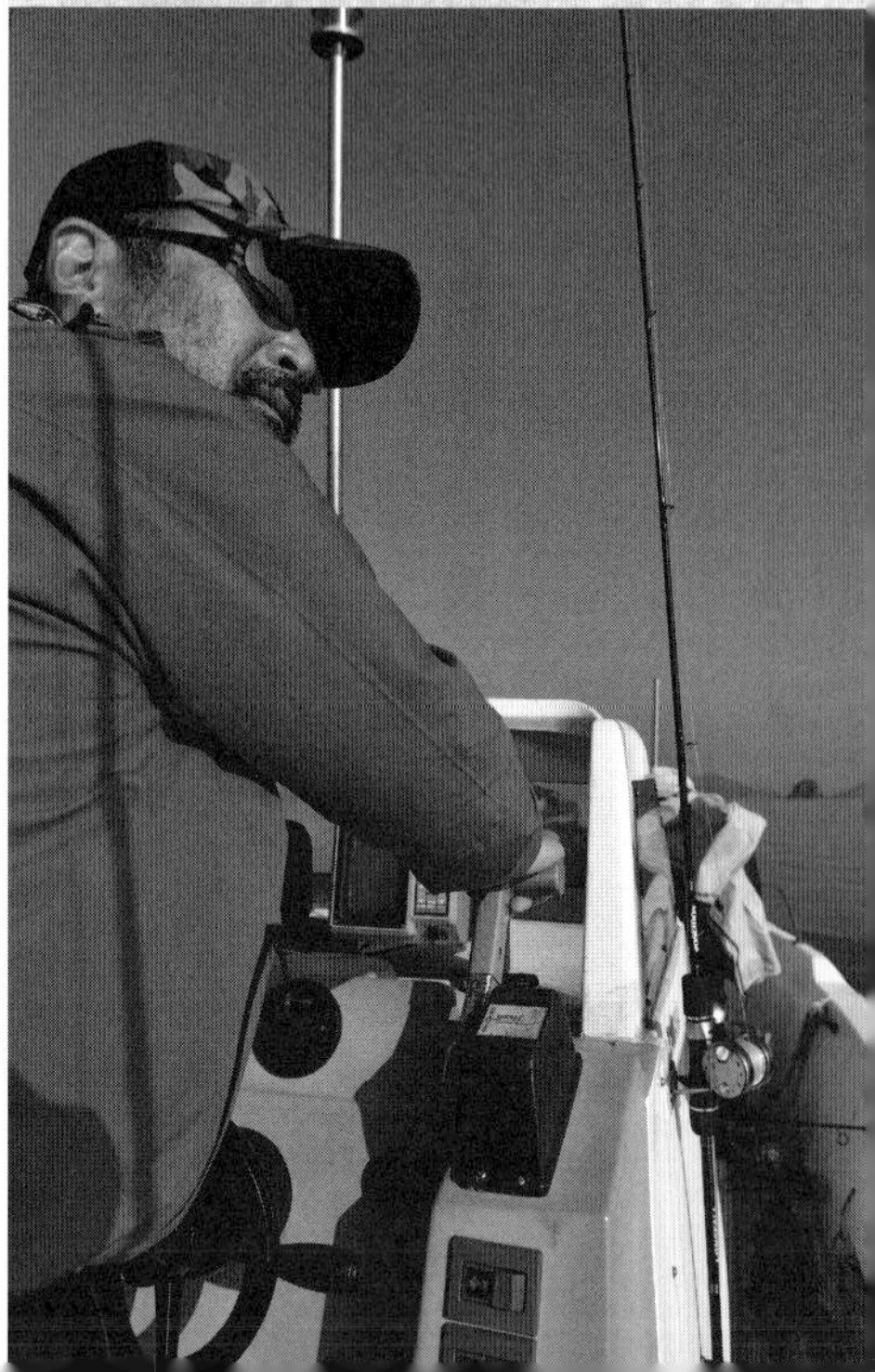

維持管理費がかかるマイボートは、前提としてハイリスクハイリターンな状況というのを理解しておく必要があるが、持てば夢が広がるのは間違いない

◉釣り人の憧れ

マイボート。釣り人にとってはよい響きなのだが、なかなか敷居は高い。理由は管理と費用対効果の問題である。

会社の経費で購入されているところも多いのだが、実のところあんまり使い道が少ない。皆、素人であり基本的に専業の漁師というわけではないからである。

マイボートはすべてをこなすところが楽しい。風と潮の向きの解釈など、マニアになるとそういうことも釣りの一部となり、釣り船の船長からすればうるさい客になる

ひと口にマイボートと言ってもカヌーレベルからクルーザー、漁船まであるわけで、その行動できる範囲もそれぞれに異なり、それぞれの利点も欠点もある。

まずは持ち運びできる小さな船、例えばゴムボートやカヌー、トレーラー付き小型船舶などが挙げられ、利点は下ろす場所さえあればどこにでも行けるところ。欠点は天候の悪化や激流などの危険区域での釣りが不可能というあたりだ。

一方、マリーナや漁港に繋ぐ船は大きさからくる悪天候での安定感と航行区域の拡大、装備の充実などが利点として挙げられるが、母港が決められるので基本的にそこからのスタートとなり、結果として天候にも弱く、ワンパターンの釣りとなりやすい点が挙げられる。

そして、大型船の場合だと、船外機ではなくシャフト船ではロープの巻き込みトラブル時には潜って解決を図るという最終手段をとれるか否かが問題になり、その他機関の故障による漂流など、船長としての重責もかかってくる。

まあ、マイボートは前提としてハイリスクハイリターンな状況というのを理解しておく必要があるわけだ。趣味の釣りとして考えれば、予約が取れにくいことを除いてお金を出してプロの船長の船に乗るほうがなんだかんだ安くなる。何せポイントの真上まで連れて行ってくれるわけで、あとは釣るだけだからである。

いろいろなタイプのボート釣りをやることで、それぞれのクセが解ると同時に、スキル向上のヒントを見つけられたりもする

だが、趣味も高じてくると単なるお客では満足できずに自分でいろいろやりたくなってくるものである。その気持ちは私も同じである。

船長は神様ではないわけで、ポイントに対する魚探の見方や船の付け方などをよくよく見ていると、それは個々に違う。もちろん、船の構造上の問題の場合やその時々の風と潮の向きの解釈の違いもあったりするものだ。マニアになるとそういうことも踏まえて釣りとしてとらえるようになるわけで、釣り船からすれば手はかからないがうるさい客になるわけである。

最近ではマリーナがレンタルしている場合もあるので、もしそういうことに興味があるならそこから試してみるのもよいかと思う。万一トラブってもマリーナから迎えに来てくれる安心感がある。

趣味も高じてくると単なるお客では満足できずに自分でいろいろやりたくなってくるもの。

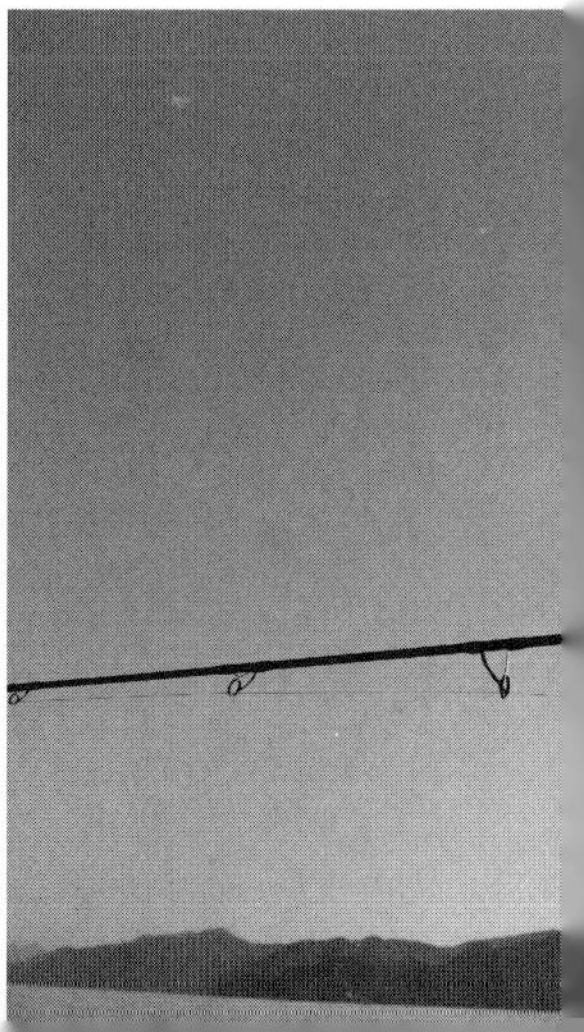

◉エンジン船の運転

この場合、海技免状を持っていると仮定して話す。近年はエンジン船でもそういったものが要らないものもあるからである。要らないからどこまでも行っていいわけではないということを理解しておかないと死体袋に入って帰宅する可能性が出てくるので、それが嫌ならあくまで基準は検査付きの船舶以下として認識しておく必要がある。

ポイント探しについては、魚探がなくても海岸線の山の形や尾根の延長上にポイントを見つけることができる。

とくにキャスティングに関して魚探は基本的に不要。沖の灯台や赤や緑の浮標の近辺等、魚の基本的な習性を知っていれば釣れる場所を見つけることはできるはずだ。それより詳しくというのであれば漁師船を探し、一本釣りをしている漁師船の場所を2点山立てで覚えておけば、そこの下で何か釣れる要素がある。

キャスティングの場合は、海岸線の地形からポイントを探り当てることがある程度可能である

また、全体的な地形と潮の流れを理解するところからスタートしたければ、定置網の設置個所などを見れば自ずと魚のマイグレーション経路はハッキリわかるはずである。

見た感じ、海に連なる陸の部分が急激な山や崖であれば、その延長である海中も急深であり、なだらかな丘や砂浜等の沖はなだらかな水底となる。

問題は陸からある程度離れた場合で、そうなると水底の状況は次の山や崖などが水中に形成されているとも言え、海底図や魚探等がないと難しくなるが、先にも述べたように漁のための施設などを基準に組み立てておけばある程度の釣りは可能となる。

例えば海の真ん中に船をつなぐブイなどが浮いているところもあり、そういった場所の近辺も非常に有望な場所である。とどのつまり自分が素人で船の装備が何もなくてもスマホのGPSなどのメモリー機能を使えばポイントはあっという間に増えていく。

次に魚探とGPS、プロッターについては、これらがないとジギングなどの釣りは釣果が一過性のものとなり、連発が利きにくくなる。

これらがあれば魚群の真上から仕掛けを下ろすことが可能になり、潮とポイントに対する自船の流れ方が理解できたりする。とくに岸寄りでない場合、この機能があるとかなり便利。きっちりとポイント上を釣ることができる。

漁探をじっくりと見ながら釣りのタイミングを図れるのは、自分で操船する釣りの特権である

プレジャーボートとチャーター船は水深50〜60m程度までのラインであれば釣り方さえ間違ってなければ釣果に大差は出にくい。

マイボートの場合、キモと言えば風の処理に対して自船の操縦を誰かがやる必要があるため、手放しもしくは自動操縦にしなくてはならない。そこでパラシュートアンカー等の充実が図られるわけだが、だらだら流すマダイ釣りやヒラメ釣り、根魚釣りなどであるなら有効だが、狭くて尖ったような瀬での青ものねらいなどの場合は上げ下ろしのサイクルが短く、割に面倒なところが目立つ。

凪であるなら風上に向けてスローで後進したり、バケツでスピードを調整することもできると思うが、大抵の場合は舷側から風を受けるように舵を右か左に曲げて流していく方法を取る場合が多い。

釣り方はジギングその他のチャーター船とほぼ変わることはないと思うが、ここで有利に働くのは自分が魚探を見ているということ。

つまり、自分のイメージで釣りができるということなのだ。

ジグやタイラバをフケさせて斜めに引いたり引きずったりといろいろできるわけで、ポイントの手前100m程度から決まりきった流し方で船中の誰かが釣ればよし的な流し方をする必要はなく、ダイレクトに真上に落とし込んだりも普通にできるし、種目を変えてギリギリの浅いラインでの根魚釣りやクロダイトップをやるなど、バリエーションも無限大である。

バーチカルな釣りにおいては、パラアンカー等の器具があってもその日の風の強さや潮の速さの問題から、慣れた船長が常にエンジンで調整する船よりかはどうしても遅れ気味になりやすい。つまり、プレジャーボートとチャーター船は水深50〜60m程度までのラインであれば釣り方さえ間違ってなければ釣果に大差は出にくいが、それより深くなると常にラインを合わせて船を動かすチャーター船のほうがポテンシャル自体は高くなるわけだ。

言い換えるなら湾内の静かな海である場合や外海の凪の日であればプレジャーボート自体は割に釣果が伸びやすいという話である。

気の置けない仲間と没頭できるところもよさだ

◉取りあえず探る

そして、まず理解しておかねばならないのは魚探がすべてではないということ。魚探に魚が映らない場合もあるため、ポイントの起伏が映っただけの砂漠みたいな表示であっても魚はいる可能性があるということだ。なぜなら、広い範囲でマイグレーションしている場合やタチウオやヒラメなどは通常映ることがないからである。もちろん、全方位魚探等は別だが……。

それと確率の問題もある。あまりよさげに映らなくても魚の付き場として瀬や漁礁はその価値を昔から示しているわけで、商売している船と違って1尾しか釣れなくても釣れればいいわけで、ほぼ空と思っていても下ろす価値はあると思える。

大型遊漁船、小型遊漁船、沖に出られるエンジン付きのマイボート、湾内向きエンジン船、エンジンのないカヌーやカヤックなど、季節や条件によってすべて選択している

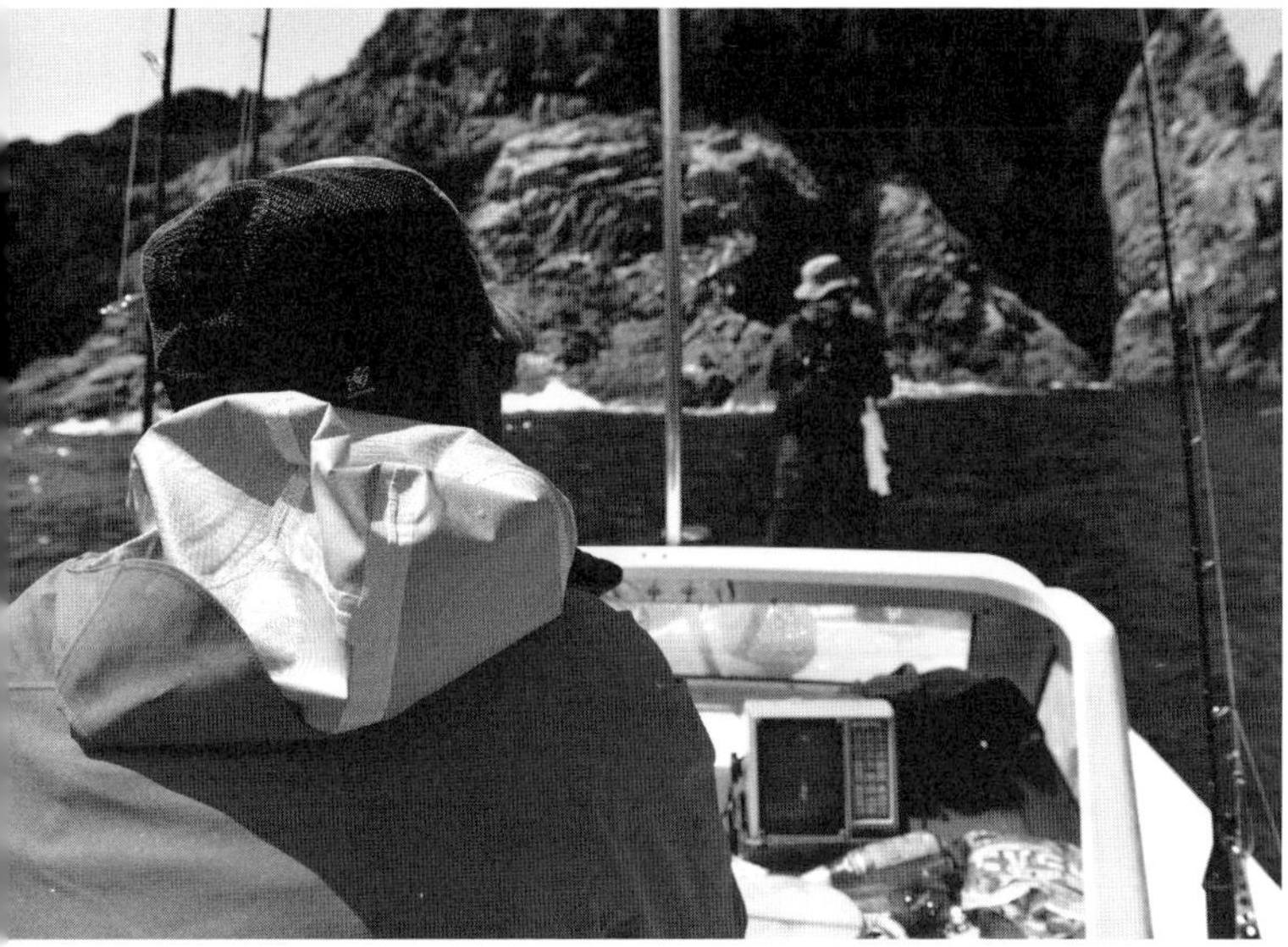

まさに心おきなく探れるマイポイントをいくつも見つけられるのがマイボートの最大の魅力かと思う

沖で安全に楽しもうと思えば、60馬力の船外機あたりが合う20ftクラスから30 ftあたりの大きさが欲しい

まとめるとプレジャーボートの釣りの効力は好天で浅いラインであれば大きく、悪天候であれば小さくなる。できることなら1人ではなく2人以上の釣りのほうがポイントに対するアクションが早く、効率的になる。そんなところである。

船の大きさは30 ft以下20 ft以上では沖向きで、湾内や海岸線などはインフレータブルを含む10～16 ftあたりの船がベストかと思う。

取っ付きやすさでは、下ろす場所を選ばない利便性から小型インフレータブル、次いでトレーラーボートという感じだ。実は、マイボートではこの点がかなり重要となってくる。トレーラーボートは基本的に漁港のスロープ使用許可が必要となる。まあ、私の場合は無理をせずに安全な釣りを展開するため、天候や場所によってそれぞれの船を使い分けているのが現状である。

南海の釣りについて

釣り観が揺さぶられる非日常世界

釣りを多角的にとらえるためには大小さまざまなターゲットに触れ、経験として身につけるのがもっとも確実である。ところが、それが南海遠征での巨魚釣りとなると多少勝手が異なってくる。苦い経験をせずに現地でうまく過ごすには、それなりに考えが必要である。

◉国内GT

GTに代表されるキャスティングゲームは、日本におけるルアーの釣りでは割に早期から親しまれている。

第一次GT遠征ブームは35年ほど前だったと思う。まだナイロン全盛の頃だった。当時、私ももれなくハマったが、それまでシイラ程度までしか釣ったことない私にとって、南の島の魚のタチの悪さは驚愕のレベルだった。当時、ルアーのラインは30Lbあたりがマックス強度であった。それに10kgくらいの魚が入れ食いするわけで、リーダーもよくわからない人間がそんなものを釣るとどうなるかは言うまでもない。

この魚の登場でものすごく釣りの世界が変わったのは間違いなかった。それから時は流れ、ラインはPEに代わり、100～120Lbラインでリーダー200Lbクラスを使ってある程度の魚は上げることが可能となってきた。

同時にジギングもPEの普及でより深く届けられるようになり、ナイロンだとまったくダメだった200m前後の釣りも可能となって、魚も上がってきた。そんな話である。

もし、あなたがPEを使ってGTを釣りに行くなら、使用ラインを中心にタックルを組めばよい。おすすめはPE8号あたり。このラインクラスだとテンションとそれによるラインの劣化レベルが経済的だから

国内GTの歴史は意外に古い。ボートからの釣り、ショアからの釣り、デイゲーム、夜の堤防など幅も広い

である。飛距離やなんやらで5~6号とか使うくらいなら8号のほうが引っ張るラインの抵抗によるルアーの姿勢安定が見込めるし、50~60号のリーダーと8号ラインのキャストの相性は割にいいと思えるからだ。

その前に、GT釣りに行くのであれば、自分自身のポテンシャルを知る必要がある。

???と思うかもしれないが、基本デカいプラグを70m前後投げる必要が出てくるし、なおかつ投げたあと、それを操作しながら巻き取る必要があるわけである。

ジギングだと下に沈める釣りなので、待っていればスポットまでルアーは到達するが、GTキャスティングはそうはいかない。少なくとも150g程度のルアーをキャストし、操作しなければならないのだ。

さらに、最終目的は魚を釣ることなので最低でも8kg以上のドラグで魚とファイトしなければならない。そこが釣り人としてではなく、人間の雄としてのポテンシャルの部分にかかってくるので余計に引っかかるのである。

しかし、ここまで脅しても釣る人にはそう手間もかからず釣れる。優秀な船に乗ればキャストはまあ仕方ないのでティージングしてもらい、ヒットすれば魚が疲れて寄るまで船で引っ張り回せば、あとはやや重たいのが上がってくるのを巻くだけでキャッチできる。その後はそれらしくヒザの上にのせて頭を後ろに反らしてローアングルで写真を撮ってもらえば終了だ。

まあ、堤防やショアからはそうはいかない。だいぶ頑張らないと魚は見えない。海外のボートもいろいろで、動かさないボートもあれば動かしてくれるボートもある。

力は基本的に必要な釣りであるのは間違いない。弱い向かい風でも60m程度は飛ぶように練習が必要だ。その場合いくつかの重さの違いで練習するほうがよい。

150gのルアーと125gのルアー、そして100gのルアーあたり。90gでもよい。これをやってみるとわかるが、大きければ遠くに飛ば

ナイロン全盛時代、南海の魚のタチの悪さには震撼した。
釣り観がガラッと変わったのは言うまでもない

GT釣行を考えているなら、タックルはPEラインから考えていけばよい。
おすすめはPE8号に50～60号のリーダーだ

せるわけではない。150gで飛ばせない人は100gに落としてみればよい。そうすると軽くて振り切れるようになるので飛距離は大きく伸びる可能性がある。

どこを鍛えるかといえば、手首、握力、肩甲骨の下あたりの背筋だと思う。それにラインをはじく指。3、4日ぶっ続けでやっていると擦り剝けてキャストできなくなる。

手袋をするか、素手なら右左投げ分けるとやりやすくなる。いずれにしろいきなりツアー釣行すると1日目と2日目の飛距離の差に愕然とすることだろう（笑）。

最初は日帰りか、一日越しのほうがおすすめである。

日本のフィールドだとキャストに対するレスポンスが極めて低くなるので真面目にキャストすることになり、多ければ一日で200回は投げることになる。これがかなりきつい。これだけキャストしてヒットレートは1%くらいだとまさに修行だ（笑）。おそらく1%はいい数字の可能性もある。それなら会社を一週間休んで、どこかの堤防に行ったほうが面白いかもしれない。

それを思うと海外のそれはヒットレートが非常に高い。私が行くところは5回投げて2ストライクくらい。10〜20%くらいはあるだろう。

そこまで行くとゲームとして成り立つといえるだろう。私の場合もう歳なのでテンションは8〜10kg程度、下に突っ込まれるとかなりきつくなるのでそんな感じである。

ルアー操作は細かく動かせば動かせるほどヒットレートは高くなる。

たとえばシンキングのジャークペンシルを表層で躍らせて食わせる海外のオッサンたちも多い。2kgくらいのタックルをそんなに細かくトゥイッチすると1〜2キャストで手首が逝くので、私はショートポップとディープポップを組み合わせて誘うことが多い。まあなんというか作業感が半端ない（笑）。

近年、ベイトブームが再燃しているが、まあなんというか、体はある意味ファイト時に固めやすくはなるが、個人的にはスピニングをおすすめする（笑）。

自然がむき出しのトカラの島

◉現地での回し方

以上がGTに関してだが、基本的に南の大もの釣りはボート釣り兼用のGTロッドのPE8〜10号クラスの釣りとなる。

いつも釣れるわけではないGTではなく、カスミアジやアオチビキを想定すると20kg以下のGTまでにターゲットを絞ったオカッパリ用のPE5〜6号か、青もの用の10ftクラスに二分化されて

20kg以下のGTに絞ってPE5〜6号もしくは10ftクラスの青ものロッドを持参するとショアからいろいろ釣って楽しめる

いる状態である。軽く使えてヒットレートも高いのである意味楽しめる釣りといえると思う。

行って気づく話だが、南の海は透明度が高い。その透明度は微生物が少ないというサインでもある。サンゴがここではその役目をするわけだが、基本的にプランクトンは少ない。そのため、ショアラインの釣りに関してはいったん魚を抜くと次が入るまでに割と時間を要するところが難点である。つまり、先行の釣り人がいた場合、次の組は先行より大幅に釣れにくいということが言える。

また、南の海は釣れる魚も大きいがサメも大きい。オーストラリアでの話だが、GT等のタグプログラムを南の島で行なうとサメにエサをやることになると思う。

体液が常時漏れるので、本来魚を生かすプログラムが逆に魚を減らすプログラムになりかねないと考えている。まあもう歳なのでとくに釣る必要のない魚ではあるが、基本的にタグプログラムに私は反対である、GTに限らず、食べずに生かすならさっさと海に投げ込むほうがそのチャンスはあると思う。

◉ルアー考

ルアーは大抵好きなものを好きなように投げていけば問題ないと思う。

飛距離が欲しいならスキッピングタイプやシンキングスイマー系がよい。4人くらいで投げているのなら1人だけミノーという手もある。これが案外釣れる。本来ヒットレートは先端で投げている人間が高いわけだが、もしくは船がポイントに入っていく側で一番飛んでいる人だ。そうでない場合はミノーやシンキングスイマーを使うとなんらかの理由で水面を割り切れないGTがヒットする。中にはポッパーにオモリをつけて餌木のように沈めてタイラバみたいに巻いて釣る釣りもあるが、そこまでする必要性を感じないので私はそれをやらない。

ポッパーは飛び出しにくいロング系とショートボディーにカップが大きなショート系に分かれる。私的にはロング系のほうがファイト以外(笑)は使いやすい。

ダイビングペンシルやジャーキングペンシルだと飛距離はそこそこだが、あの独特の動きはGTやマグロにも効果を出すものとして認識している。ボディーがやや長めなのでロング系ポッパー同様にファイトがきつい面がたまにあるが、今やあったほうがよいルアーのひとつである。

ルアーは好きなものでよいが、スキッピングタイプやシンキングスイマー、ミノーは重宝する

本土では植林の景色が当たり前になっているが、もちろんここは原生林に覆われている

ボートの釣りだと本土からの直行便で釣行することもできるが、一度はこうした雄大な自然に包まれるのもいいと思う

A／カンパチは南の海の主力ターゲットのひとつ

B／20kg以上になるとガチンコファイトで獲るのは難しくなってくる

C／ドラグテンションを10kgかけていても平然と出していくモンスターがいる

D／イソマグロにはスプリットリングでテールフックを付けるのが有効だ

E／水深200m、メタルジグは400gあたり、スロジギなら300gがひとつの目安

◉南海ジギング

一方、ジギングは200mくらいなら400gのジグでいけるので（ガチンコファイト仕様）、スローなら300g台で釣りが可能かと思う。20kg台のカンパチだとテンション10kgでもかなりラインが出る。100Lb程度のリーダーだと擦れればラインブレイクする。スローだとラインを出しながら獲るしかないが、獲れるかどうかは底の状態によるだろう。近しい友人がやっていたのを見る機会はあったが、私個人はそれをやるフィールドではないと考えており、やっていない。

ジギングによる大もの釣りは、現時点ではスロータックルの登場でやや混沌としている。魚はこっちが強い力で引っ張れば向こうも負けずに引っ張り返してくる。しかし、非常に弱いテンションになった場合、テンションの方向に対してのみ魚は無駄に走るので、相手がヨレたあたりでジワジワと上げてくる方法が通用する場合がある。

しかし、あくまで不確定な要素に頼ることから上がる魚は上がるが上がらない魚も出てくるわけで、確実性はない。現時点はあくまで個人の感覚に頼ったファイトが通常となっている。

私が思うに、40kgを超してくるようなカンパチを普通にガチンコファイトで釣るのは基本的に不可能に近いので、ある意味勝手に泳がせていなしながらジワジワ上げてくるほうが確率は高くなるかもしれない。ただ、大ものがいる海域には時期的にサメも多いのでそんなにゆっくりできるとは考えないほうが賢明であり、運次第になるだろう。

カンパチでなく、イソマグロの場合はテールフックをスプリットリングでつける。私が過去に釣った中大型のイソマグロは大抵アシストではなくテールフック率が高かったからで、ランディングレートはかなり高くなると思う。

テールフックはサワラなどのジギングでも多用する。その昔、30分で10個ルアーをロストしたことがある。大東島でのことだ。大型のサワラが大量発生してルアーが次々に切られていった。対策としてはテールトレブルフックでジギングである。それでなんとかロストは抑えられ、釣りが継続できた。

不思議だが、マグロにはロングジグのほうが分はいい気がする。過去にいろいろやって試した結果の話であり、マイクロベイトを食っているマグロをフォールで食わせる方法ではなく、適当なワンピッチで釣る場合だとロングジグのほうがヒットレートは高い気がしている。

E

D

G

F／こうしてヒザを利用してファイトできるところはベイトタックルのよさ。相手が大きければこちらの疲労度に大きく関係する

G／ときにはこんな家畜のようなサイズも出る

H／ロングジグをワンピッチで操作していると何かしらヒットする

I／とくにマグロ系の魚にワンピッチのロングジグは結構効く

J／国内の南海遠征にはあらかた行っているかと思う。トカラ列島は多少時間を要するが、奄美や沖縄、大東島などはアクセスよく行ける

F

J

I

H

海外遠征のすすめ

今や外国は遠くない

国内だけでしか釣りを考えない。そのことに特別なこだわりや縛りがあるのなら別だが、今日、海外は近い。工夫すればさらに低コスト化も図れる。何より大きなメリットは、より多くの魚を掛けて、魚と向き合えるサンプル数の増大であり、経験値の上昇である。

◉海外の捉え方

釣りというのは趣味であり、それが上達するにはほかの趣味同様に経験が大切になる。ところが、日本国内では単魚種であっても修練に時間が必要になるくらい魚が希薄になってきた。その道のプロを見れば以前のようなルアー全般のプロは育っておらず、オンリー・アジとかオンリー・イカなどのプロのみの世界になってしまった。

魚釣りという趣味はいかに魚と対峙するかが問題になるわけで、魚に多く触らなければその生きものを理解することはできないのだが、いかんせん魚自体が希薄になった昨今、その修練の道は遠く険しさを増していると言えるだろう。そういう意味で遠征というのは自分のホームと違ってたくさんのケーススタディをできるチャンスを有している。

東京から九州の五島にヒラスズキ釣りに行く人は少なくはない。では、九州の人は東京に行くのか？　それはナンセンスだ。今のところ国内で九州より魚が釣れるのは一定魚種に過ぎず、タラやトラウトやサーモンなどを除いてそうそうない。

ヒラスズキで言えばお隣の韓国、アカメ類やクロマグロも海外のほうが釣れる。ただ、狭い世界にこだわって日本で釣るから自慢できるという人もいると思うが、そういう魚釣りの理屈が解って

日本だろうが世界だろうが、与えられた問題を自らの知識と技術で解決する。これが釣りに対する信条だ

いない人は日本で釣っていればいい。日本も世界も魚が減っているのは同じで、釣りという道を歩くのであればどこでも場所は同じである。

私個人が海外も視野に入れた釣りを展開する理由は釣り人としての修練の一環と考えている。20歳代で海外での釣りを体験し、自分の未熟さを痛感したことがきっかけだ。いろいろあるが、ざっといえば井の中の蛙だった。以来、遠征は国内外を問わず行っている。日本だろうが世界だろうが、与えられた問題を自らの知識と技術で解決できること。これが普段から思っている私自身の釣りへの信条だ。

20歳代で海外での釣りを体験し、自分の未熟さを痛感した。

◉サンプル数の圧倒的多さ

魚の特性、ファイトやヒット、ルアーへの嗜好、ルアーの基本操作などは魚の多いところのほうが習得できるわけで、養殖や野生に関係なく、ある程度のレベルに達するために必要な経験は釣った魚の数に比例してくる。その場所特有の魚やその場所固有の魚を釣ることもできる。最初からわけのわからない高額船に何回も乗ったり、何も見えない暗い川辺でひと晩中ルアーを投げるより非常に短時間で中級以上にレベルアップできる。また、旅に対するスキルやコミュニケーションスキル等の人間力も同時にアップする。

一方、デメリットは1回にかかる費用が高く、連休が必要なこと。現地に対する知識がない場合、つまり旅のスキルがないと他人を頼る必要があり、そうなるとある程度のガイド代金やボート代金が必要になる。以上のようなメリット、デメリットがあるが、釣りという趣味を伸ばすという意味合いでは遠征はおすすめである。

ヒラマサも多くの事例を経験しようと思えば海外かと。ニュージーランドなら一生分を半日で釣ることができるだろう

まあ、日本で遠征してもほぼ同じ感じになるはずである。ただ日本語じゃないだけであまり変わらない。よく思うのがGTやヒラマサをこよなく愛する人は多いが、基本的に日本近海に魚はそんなにいない。いるのは着水したら大抵もう食っていたり、ルアーの背後に4～5尾付いてくるような場所だ（笑）。GT釣りで3日で1尾とか、はっきり言って余程のドM以外はおすすめできず、ヒラマサもしかり。ニュージーランドで1日チャーターしたら、きっとその人は一生分を半日で釣ってしまうだろう（笑）。ぶっちゃけ、1尾に対する

いかにも海外っぽい魚だが、あらゆるスタイル、あらゆる魚種を求めて海外に行く

国内の釣りが安いとは安易に言えない。

コストで言えば、魚も釣らせきれない遊漁船に何回もお金を落とす経費やクソ高い幻のルアーなどの高級擬似エサやロッド、リールにお金を使い続けることを考えると、国内の釣りが安いとは安易に言えないと思う。

例えば、今は休止しているが九州からタイには往復3万円以下でLCCが通っていた。片道1万5000円以下という話である。タイは九州からはおすすめの場所である。ネイティブな釣りはあまりおすすめではないが、管理池が発達しており、日本のそれとは違う次元の釣りをすることができる。熱帯魚の養殖が盛んでピラルクをはじめとするアマゾン系の魚の釣り堀も存在する。わざわざ体験しに高額な経費を使わずとも南アメリカの魚を釣ることが可能である。もし行くにしてもいきなりではなくここである程度魚を理解してから行くほうが現地で釣りをするうえでは大いに役に立つだろう。

釣りというのは自分の生きものに対する能力を上げなければいけないわけで、養殖ファームだろうがネイティブだろうが基本的に関係ない。ネイティブを釣る場合はネイティブの生命維持サイクルを理解しなければならないし、ファームでもファームの魚の生命維持サイクルを理解していなければより多くをねらって釣ることは不可能なのだ。そこを考えない人はガイドや船に頼ってお金を使うしかない。ファームのエサやりタイムにエサの横にルアーを置き、動きのない釣りで釣るのは別に悪くない。ただ、エサやり以外の時間の過ごし方も研究しなければ趣味としての厚みは出ない。

ファームとはいえマイグレーション経路などのデータ化をしないと思うように釣れない。そこにはネイティブの魚を釣るのと同じ難しさや奥深さが存在する。とくにスレると釣れにくくなるピラルクは、エサやり時間以外に釣るのは非常に難しい。下手するとボーズもありえる難しさだ。

コスト面でタイは、ツーリスト価格とローカル価格がある。4分の1から2分の1という感じだ。ガイドやタクシー経由で予約を入れれば安くなる。どちらにせよ現地での移動コストは必要なのでガイドを雇うのが効率的である。

一方、アメリカ圏やオセアニアの場合は人力を多用する。運転は自分とか、釣り場に着いたらカヌーやレンタルボートなど、いろいろやるだけコストは下がるが、基本的なスキル的の問題で、勘所がわかっていないと結果に結びつきにくい。

A／憧れのGTもまた国内での一生分を1日で釣ってしまう。海外遠征とはそんな感じだ

B／何度も何度もその魚と勝負することで魚への理解やキャリアが上がっていく

C／左は同行者。中央はガイド役の現地のアングラー

D／国内では体験できない世界がある

E／バラマンディはこうして食うのか、とそれを体験することこそが収穫である

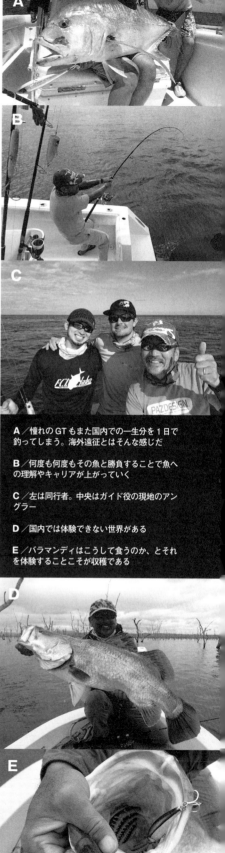

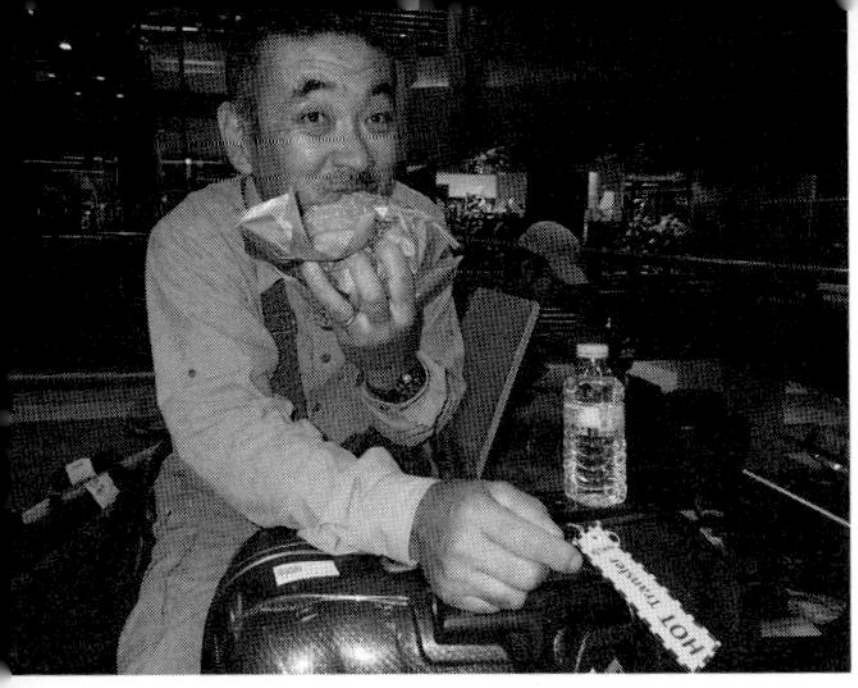

ファーストフードかスーパーで買ったシリアルなどの携帯食やフルーツを主食にすれば食費が抑えられるだけでなくカロリー不足になることもない

◉海外＝高額ではない

現在も海外遠征は続けており、2週間オーストラリアに滞在するというのも珍しくない。2週間いても、飛行機と釣りに使った金額は20万円を切っており、およそ17万円台だった。

コストを抑えるために多用したのはSNSだ。海外に友人を作るあたりからのスタートだが、ちょっと昔は同国の奥地に行き、1週間で約40万円使っていたのは間違いない。原因は人を頼ることに由来する。平均サラリーなどの物価も影響し、日本はいかに物価が安いかを思い知る場合も多々ある。

まず遠征でお金がかかるのはホテル。宿泊はなるべく安いところをネットで探す。インターネット予約が一番安い。次に、現地に着いて一番役立つのがレンタカー。チャーターボートだとロクに釣れないとかシケで出られないとか夜時間があるとかいろいろあるが、基本的に海外にまで釣りしに来て休む暇は必要ない。休むなら日本で休めばよいわけで、釣るべきときに足がなくて暇になるというのはいただけない。危険な東南アジアでの運転はまあやらないとして、豪州や米国ならレンタカーを使うほうが釣りの幅は広くなる。

次に、現地でのボートは危険生物がいない場所ならカヌーの持ち込みも悪くない。ボートを持っている友人にガソリン代を全額負担するからと頼むのもチャーターよりはるかに安い。何かを習う以外、チャーターは必要ない。もちろん、岸から遠く離れる場合は必要と思うが。

刺激があればまた国内での釣りの内容も対峙の仕方も変わる。

最後に食だが、私は大抵ファーストフードかスーパーで買ったシリアルなどの携帯食やフルーツが主食になる。栄養価的には海外の外食はかなりカロリーが高い。そういったものを1日1回程度に抑えて適当なスナックを食べて繋げば日本に帰って体重計を見てガッカリしなくなる。以上の4項目を絞れば海外でも安く過ごせる。

私のオーストラリア取材を例に挙げると、まずはLCCでケアンズに入り、走行無制限のレンタカーで空港からダムのある町まで600㎞ドライブしてモーテルに泊まり、現地のダムでゴムボートから釣る。3人パーティで安い航空券を買っていればゴムボート運搬費込みの経費は17万円程度だ。無論ゴムボートは持ち帰る。

日本で小笠原などに行けば、恐らくはこれ以上の経費はかかるわけで、沖縄に行ったのとほぼ変わらない経費かと思う。それに魚もデカい。日本でいろいろやってもお金は使うわけで、その中にあって数年に1回くらいこんな骨休めもよいと思う。

趣味の道として国内で結果が出ずに本来の目標と違う方向に行くくらいなら、こういった刺激があればまた国内での釣りの内容も対峙の仕方も変わるのではないかと思う。

基本的に釣りとはトライアンドエラーの繰り返しによるによる自己の学習によっていずれかは好転するものかと思うが、現場における自分の在り方と自分の求める願望をいかに一致させ得るかという点で、その予知をいかに早期の段階で最適化できるかがその人の能力ともいえると思う。日本であれ海外であれ、自分の始末は自分でつけるという点ではどこの釣りもそう変わりはないかと思う。

旅費を抑えるためと釣りのレパートリーを増やすために距離無制限のレンタカーでオフロードを疾駆する。これまで欧米や中東などにも遠征しているが、最近は東南アジアやオセアニアが多い

§3 ライフワーク、そして遊び

ヒラスズキ釣りの真髄

釣り重ねで導かれる判断の根拠

晩秋から冬の水温下降期、夏から秋の高水温期も釣れるが、ベストシーズンは春と秋。タフなシーズンをうまく過ごすには留意点があり、そこをクリアするのはいい時期に会得した引き出しの数であったりする。総じて言えば、ヒラスズキはコンパクトなほうへシフトする釣りである。

◉効率と可能性を選択する スモールフィッシング

ヒラスズキという魚はルアーターゲットの中でもアクティブな面と同時に繊細さが要求される釣りである。私個人は渓流釣りと並んで非常に好んで行なう釣りである。

どこが面白いのか。

ふたつの釣りの共通点は現状のデータ分析から魚のヒットを導き出していくという部分で、まさにここにある。

この釣りから学ぶべき点は多い。ロッドで魚を釣るということに加えて、さらには人間としての動物的な能力を試される部分もあるからである。つまり、ロッドを振る以前にもいろいろな局面で自分自身が試されるところが多いのだ。そこをうまくこなしていくあたりに醍醐味がある。

荒磯が削る奇岩や紺碧の海に広がる白波と岩、そして緑が交わる景観の中で繰り広げる釣りは、一度行ってみれば誰もが虜になると思う。

基本的な釣りにおける部分はある意味とても簡単である。

ほかのルアー釣りとほぼ同じで、投げて巻くだけではある。もっとも、ヒラスズキはマルスズキ同様にバイトに躊躇が見られることからミスバイトのような結果に繋がることが多い。

そのため、捕食自体が

この釣りにはアクティブさと同時に繊細さが必要だ

やや下手な印象を受けるが、実際は不明である。

私が思うにどちらかというとネコと遊ぶような感じである。ネコ的な待ち伏せ行動が見られるので、ルアーのアクションやトレースコースのコントロールで確実なヒットに持ち込めることがこの釣りの核心的部分とも言えると思う。

ルアーに触発されてアタックする行動を魚に取らせてしまうという意図的な展開こそ、多くのヒットや確度を高める要因となり得るわけである。

ヒラスズキ釣りには、ロッドで魚を釣る以外に人間としてしての動物的な能力も試される部分がある

本書で再三触れていることだが、ルアーフィッシングはエサとなる本物のベイトフィッシュの代用である擬餌針をそれらしく操作することで、魚に摂餌行動その他を取らせるわけだが、いろいろな蘊蓄があっても、投げた地点からほぼ一直線に自分に向かって泳いでくるという単一ベクトルの表現性から逃れることができない。
つまり、生きた魚のように自由自在に泳ぐことができないし、いかなるリアルさを持ったルアーをもってしてもそれを表現できないのである。そのため、何かで誤魔化すことが求められる。
基本的に魚は流れに対して順目に動くものに反応しやすい傾向がある。すなわち、サラシによって岸に打ち寄せる波による流れは、釣り人に対して有利に働くことになる。要は食わせやすくなるのだ。
まあ、それ以外にもやりようはあるのだが、ヒラスズキはサラシやシケを釣るという話から言えば、それは釣り人に対して、またルアーに対して、魚を釣りやすくさせる大きな要因となり得ている。

基本的に釣り自体はそう難しいわけではない。もっとも、いい条件となる判断要素は多い

ルアーは基本的に中速以上の棒引きが多い。

この釣りでは慣れてくると止めて浮かせているだけでも魚をヒットさせることが可能である。その逆に全速巻きでもヒットは取ることができる。この多様さがヒラスズキ釣りを面白くしているひとつの要因なのだが、いつも同じパターンでヒットが取れるわけではない。そこはどの釣りも等しく、臨機応変さ、変幻自在さが必要である。

1尾抜けたら御の字の場所もあるが、複数抜ける可能性のある場所での組み立ては、アプローチの選定がモノを言う。

スポットを探すところからいえば、まずは魚を見つけるためにルアーをキャストするわけだが、ヒラスズキ釣りは基本的に小さく釣るほうがヒットはしやすくなる。

？？？と思う人もいるだろうが、基本的に14㎝

荒磯に砕ける白波、紺碧の海、山肌にしがみつくような緑。こうした景観で繰り広げる釣りは、人の心を奪う

ときには海外の釣友も案内する

のミノーよりも9㎝、7㎝のルアーのほうが平均的に魚は釣れる。もちろん、風吹きすさぶババ荒れの天候で7㎝のルアーを投げてもゲームはもちろん難しくなるが、それを推し量っても魚は小さいルアーを好む傾向が強い。ならば、キャストに磨きをかけ、向かい風でもポイントに届ける技量を身につけるという選択肢も出てくるわけだ。

大きめのプラグに明らかな食い渋りが見えるときは多いが、小さいルアーの場合はそれほどでもないからである。この背景には、ベイトとなるイワシなどのサイズが平均的に小さいことが挙げられるのではないか、と私個人は考えている。

とくに高水温時の見切り行動は顕著であり、釣り方によってはダブルスコアに近い釣果の差が出てくる。

荒磯で剛竿を振り回すイメージが強い釣りではあるが、その実ウルトラライトタックルで細かく釣ることによる釣果はそれを凌駕することもしばしばである。

もちろん、それでも天候や距離の問題から選択の余地がない場合、デカいプラグを使ってでもストップや、より表層へのルアー操作等で反応させる工夫が必要になってくるわけである。

これも折りに触れて語っていることだが、我々は漁師ではないものの、魚を理解することでハリにかけられるようになるというプロセスからすれば、趣味人でも漁師と同じように結果を求め、行きつくところは彼らとそう変わりはしない。

魚も黙って釣られてばかりでもない。種の保存のため、想像以上の多様性を持っていると感じている。沖寄りのきれいな水にいたかと思えば、砂のかき混ざる濁った河口や町のドブ川、港内に入ってきたりもする。それらひとつひとつをパターン解析し、その日の空気に応じて判断し、適したメソッドを繰り出す必要が出てくるわけである。

この釣りのもっとも重要なところは、天候や気候に対する沿岸部の地形的特色に対して魚の釣りやすさが変化するという部分で、傾向に対する答えの導き方をいくつ知っているか、引き出しの数が釣果に反映されやすいところである。

これはヒラスズキに限ったことではないが、その日の風向きや潮の流れ、または満ち引きの変化等の細かい分析が魚とのコンタクトに正確さと現実味を与える。

ヒラスズキ釣りは、渓流と並んで非常に好んで行なう釣りである。
ゲームの構築に共通する部分が多い

複数抜ける可能性のある場所での組み立ては、アプローチの選定がモノを言う。

◉晩秋から冬の釣り

晩秋から冬はヒラスズキ釣りのメインシーズンと言われている。確かに体型やコンディション、アグレッシブなリアクションからすればそうとも言えるだろう。

しかしどうだろうか？　私的にメインシーズンは秋そして春かと思う。

その理由のひとつはショアラインにベイトが押し寄せやすい点である。

基本的にショアラインの釣りは魚を抜くと次はそこまで伸びたりしない。南海のヒラアジなどの釣りだと、この傾向は顕著になる。地着きの青ものも同じだ……。

当然である。対象魚はある意味その食物連鎖の生態系の中に組み込まれているからだ。そのため、釣果はその場の生態系の供給量やストック量に依存する。あふれんばかりのベイトの大群であれば、その供給先である捕食者の存在も増えるので数の減少は少なくなる。

それが目立つのは春や秋のほうだと体験的に感じているのだ。

したがって、それ以外のシーズンだと継続的爆釣パターンにはいたりにくい。違う見方をすれば、ハイシーズン以外は人為的な条件を高めて乗り切る。

もうひとつは機会を待つ必要性が出てくる。人が入らない場所や入れない天候周期をよく読む必要が出てくるわけである。

岸からやや離れた場所にマイグレーションしているであろうベイトが岸に近づく流れや波の向き、風の向き、その期間などを考慮した釣りの組み立てを考えていく必要があるということなのだ。ベイトは別にいつも磯際のみにいる必要はないということを釣り人は認識しておく必要がある。

初冬における寒波が悩ましいのは、サラシを広げるだけでなく、水温も下げてしまうからだ。当然、サラシがあれば釣れるというほど単純ではない

初冬の磯はまだ海藻などのベイトのエサは少ない状況であり、初期の水温は高く、そこから寒波の周期に応じて段階的に水温が下降していく。もちろん、水温の戻りも当然考えられるので適水温であれば水温の段階差による活性のムラはある程度考慮すべきかと思う。

寒波の第一波の直後や連続した水温の低下は一時的に活性が下がる傾向がある。魚がどの程度水温に対して敏感なのかは解らないが、20℃から16℃という急激な沿岸の水温低下は、人間の風呂に例えるなら40℃の湯から32℃に一気に下がったようなものなので、不快、低調であることは想像に難くない。

こうなってしまうとトップに出なくなったり、あからさまに追う距離が短くなったりする。

暖水を好むヒラスズキは、水温が低くなると沖寄りにシフトしやすくなる。沖寄りのほうが1週間から10日間のサイクルで訪れる寒波に対して安定した水温を保ちやすく、それを求めるのはヒラスズキに限らずイカやその他のベイトフィッシュにも同じことが言えるはずである。

ただし、その一方では、種としての活動限界範囲内であれば体に脂肪を貯めこむための荒食いや産卵時期とされている冬場に備えて積極的な摂餌活動もあり得るはずだと虎視眈々と構えておくべきだ。

その考えは水温低下による活性の低下と相反するところだが、傾向としては1月半ばを越したあたりまでで、2～3月になると産卵行動による群れの問題もあってか積極性は感じられなくなる。まあ、寒いので人間側も積極性が低下する部分もあるとは思うが。

いずれにしろ魚を釣るためにはベイトの動きを一番に見る必要がある。

初冬の磯はまだ海藻などのベイトのエサは少ない状況であるというのは知っておきたい

ベイトは別にいつも磯際のみにいる必要はないということを釣り人は認識しておく必要がある。

ヒラスズキも沿岸にいない場合は沖に出ている可能性が高く、そればかりかもっと大きな地域的な移動も行なっている可能性が高い。問題は、魚自体がルアーの届く範囲にいるのか、というあたりである。

その点では自らが魚のいる海域に出向く考え方も重要で、瀬渡し船による渡礁や離島に渡るのも悪くない。ただし、その場所が湾に入る海水の影響を受ける場所である場合、沖からの潮の入口なのか湾奥で冷えた水の出口なのかは知っておく必要がある。沖磯は沖磯、離島は離島でもまったく釣れない磯や島があるからである。

水温が下がり始めると海岸線の藻の生育も始まる。そのためベイトの接岸も不定期ながらある程度は見込める。だが、どちらかといえば水温に起

冬はサイズをねらえる時期である

因した行動パターンが勝っているといえるだろう。そのため、海がシケて風によってベイトが一気に接岸しやすい場所に釣果の偏りが見えやすくなる。

　また、春一番等の北周りではない南からのシケに釣果が出たりもする。沿岸の浅い海は気温の影響を受けやすいとも言えるが、実質的に南風がいきなり吹いたからと言って水温が劇的に上昇するかといえばどうかという感じもあるが、先行者、ライバル、人の多い少ないという人間側の都合から数少ないチャンスながら、釣りに行った人がキャッチするという場合もある。

　南側は普段風裏でもあることからかき混ぜられにくく、太陽光によって水温も上がりやすく、ベイトの接岸も自発的な可能性もある。

　冬はサイズをねらえる時期である。

　産卵期を迎えた魚を釣ることに抵抗がないのであれば、記録的な重量の魚、もっとも重たい状態の魚が釣れるこの時期は外せないといえる。身質は産卵期のブリのようなもので腹は薄く、そこまでよいとは思えない。

　とくに、九州北部でいうなら普段人が入らない北絡みではない風向き、つまり春一番等の不定期な逆方向の風の日はチャンスとなりやすい。

　コタツでミカンを食べているより、一応磯に立ちたいと思うのであれば、ルアー自体をちゃんとコントロールして引く必要があり、さらに大きな魚を釣ろうと思えば、基本としてゆっくりが基本だ。波に漂わせせる程度のほうが釣果は見込めるだろう。寒いということは夏のように30m近く追ってきて食いつくなんてことは期待しないほうがよい。5mも離れると食いつかないというのがいたるところに転がっている。場合によってはただ浮かせているだけのほうが有効だ。

　つまり、ルアーに対するリアクション区間が狭くなるので、ある程度その機会をこちらから与えてバイトに結びつくように調整しなければならない。ただし、どこから出てきているか解らないような場所だと、その調整は難しくなる。

　これは次の春の釣りのところで記しているが、どこからヒラスズキが出てくるのかを知ることがこういう厳しい時期に活きてくるのである。

晩秋から冬期はベイトポジションが大きな鍵を握り、その点では沖磯や離島釣行は有望である

◉春の釣り

春はもっとも釣りやすい。なぜなら水温が低下して小魚のエサとなる海藻が繁茂して豊富にあり、ベイトの接岸が顕著になり、なおかつサイズも大きい傾向が高くなるからである。

こうなると使うルアーのサイズの上限が必然的に大きくなり、風に対する探索範囲が広がりやすく、好釣果に結びつきやすくなる。

この時期に考えておくことは、魚に対して何ができるのかを実験的に取り組めるところである。ルアーをいろいろと替えてみる、もしくは日によってルアーを限定して、相対的なデータ収集をしておくわけである。これが自分の引き出しを増やすことに繋がる。

大きめのルアーで広範囲を探れるのが春のよさ。この時期にベースを固め、タフなシーズンへの応用が利くようにしておく

春はさまざまなことを試せる絶好のシーズンである

私がおすすめするのは、魚の基本的な付き場をより狭い範囲で知ることである。それによってこの釣りが波にあまり依存せずとも、ある程度の波であれば魚とのコンタクトに成功し、ムラのない釣果を出すことに繋げられるようになる。さらに細かく理解することによって、初めての場所でも潮の流れやサラシ、見える底の状況などでどこに魚が付くのか、どこから出てくるのかが理解しやすくなる。

魚が同じ場所で連発するケースも多く、同じ場所からの取り込みを複数回できることから、魚に対するロッドや体の動かし方を反復練習でき、ランディングを習得できる

大抵の磯の場合、自分の注意をいろいろな方面に向ける必要がある。魚がヒットして適当にファイトして手前に寄ってハイ一丁あがり、みたいにはなりにくい。

まず、ヒットしたら自分が水辺に降りなければならない。そうなると足を置く場所が滑るか滑らないかを判断し、安全なところを探さなくてはいけない。もちろん、判断は目視である。もちろん、ロッドは曲がっている。その際、押し寄せる波も見る必要がある。必死で引っ張っても引き波に魚体が乗ればドラグはズンズン出ていく。下手したら落ちて死にそうな感じなのにいろいろなことを同時に考えないといけないわけで、これを魚釣り始めたばかりの人にやれと言うほうが難しい。それを繰り返し同じ場所で練習できるという意味合いで、数が釣れるときのランディングはためになるのだ。

この状況は初夏まではあまり変わることなく継続し、同様の釣果が見込める。

ベイト量も概ね安定しているため、サラシが少なくても早朝や夜明け前後に釣りをすれば魚は見ることが可能となる。

ランディングのスキルを向上させられるのも春である

初夏は春を引きずった状態なので釣りやすいが、いよいよ水温が上がってくると途端にセレクティブになる

◉夏～初秋の釣り

夏～秋の高水温期は魚の活性自体も上がっているのだが、昼の釣りにおけるセレクティブな部分が表面化する。つまり、サイズによって見切っているように感じることが多くなる。とくに顕著なのは、日頃から水温が高い地方でその傾向が出やすい。釣果数を望むなら、その部分に留意して釣りを行なう必要が出てくる。

例えば最初に1尾適当なルアーで釣ったとする。次に同じルアーを通してなんの反応もない場合は、サイズを二段階以上、例えば12㎝で釣っていれば5㎝に落として使えば、少なくとも12㎝を継続して使い続けるよりも魚へのコンタクト数は多くなる。

9月の天候は凪とシケの周期も割合に長いので、基本的にカレントの釣りに微弱なサラシを利用する釣りだと考えておきたい。

夏はライトタックルという意味合いはこのあたりに起因するわけである。これは春の釣りや冬の釣りでも一応の効果は見込める方法である。

同様にアンダーウォーターとサーフェスではサーフェス側のほうにアドバンテージがあることから、浮かせて釣るのが効果的である。つまり、私が行なうフローティングプラグの釣りはそういった理由から多用されるわけである。

夏はどうしても天候が落ち着き気味になる。そのためウネリ、要は台風などの発生を利用して釣りを行なうことになるわけだが、ウネリによる波は基本的に沖からの表層流を作りにくいことから、爆発的な釣果が期待できるわけではない。もちろん、地方によってはベイトの接岸の多い少ないはあると思う。

夏後半から北絡みの風が吹くことになり、そのあたりから通常の周期の釣りが可能となる。また沿岸部のイワシ等のベイトの活動も顕著になるので、釣り自体はマイクロパターンにはなりやすいが割にイージーである。

9月の天候は凪とシケの周期も割合に長いので、基本的にカレントの釣りに微弱なサラシを利用する釣りだと考えておきたい。そして、高水温期の狭水道にはヒラスズキのみならず、ヒラマサやブリ、シイラなどの集中も見られる。

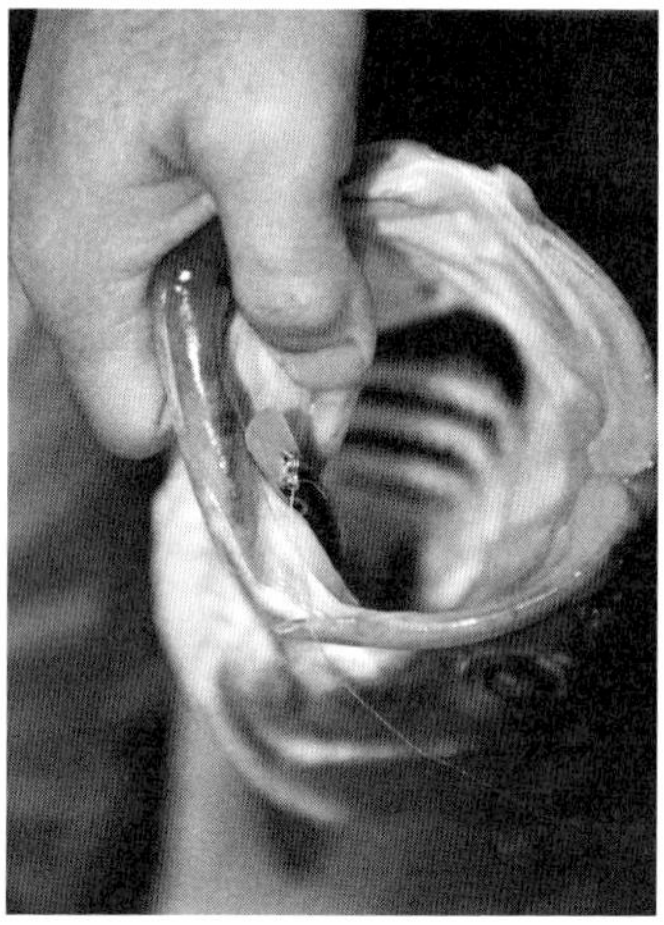

小さなルアーだとこうして大胆に丸呑みするのに、大きくすると見向きもしない。そんなことはザラにある

タックルも夏はウルトラライトのほうが分がある

◉タックル戦略

シーズンごとの特色はこんなところだが、基本タックルの判断についてはほかの釣りと同様に釣り場に求められる。

釣り道具は変化する。個人のスキルも同様に変化が必要であるわけで、ベストなタックルがどれと言及すること自体はナンセンスである。

まず、風があるなかでのキャストにはブランクやルアーにかかる荷重が増えるので、通常のキャストよりも強めのロッドが必要となる。しかし、ウネリを釣る場合やライトラインに傾倒した釣りを展開する場合は、まったく別物のタックルが必要となる。

基本的に荒い海からの影響で無駄に強引なファイトをしがちな傾向がある釣りだが、基本的にシーバスであり、そこまで強力な魚ではない。

おまけにサラシの中でファイトすることで魚はさらに暴れにくく、また泳ぎにくい状況である。そのためテンションはある程度の低さで釣るほうがよい。平均1.5～2kg程度である。

掛かりどころが口の外であればその程度に抑えておいたほうが肉切れを起こしにくい。フックも伸びにくい。

唯一、取り込み時にテンションをかけるか否かが問題になるが、どういう取り込み法を選択するのかを考えておきたい。この点はアングラー側の問題である。通常、足場の高い場所で抜き上げをやるのであれば、前提として自分のタックルの限界を知っておくべきだろうし、基本的にいつも抜き上げるという方法自体は、ある意味自分の傲慢をただ通しているだけに過ぎない。

無理をせずに2人でネットを使うなどの方法、もしくはなだらかな魚が波で引っ掛かるような場所を見つけておくなどの事前準備をしておくことも魚釣りである。

釣り場では常に謙虚さを忘れない。これが荒れた海で一時を安全に過ごす方法だと私は信じている。

釣り場では常に謙虚さを忘れない。これが荒れた海で一時を安全に過ごす方法だと私は信じている。

ヒラスズキは基本的にシーバスであり、ドラグは平均1.5～2kg程度でよい

強風のなかでのキャストにはブランクやルアーに大きな負荷がかかる。通常よりも強めのロッドが必要である

基本タックルは季節によって変わる

取り込みでは、魚が波で引っ掛かるなだらかな場所を見つけておくなど、準備も大切である

健気で無邪気なクロダイトップ

夏の海の水上遊び相手

アプローチからフッキング、遊漁船でもカヌーやゴムボートなどのポータブルボートでも気軽に楽しめるのがクロダイだ。ルアーに対する警戒心と好奇心の葛藤すら感じ取ることができるこの魚は、見ていて本当に飽きない。そのなかにもルアー釣りのからくりがある。

◉漁業的価値が低いからこそ

クロダイとマダイは似て非なるもの。だが、生態自体はやや似ているところがある。クロダイは、九州ではチヌという呼ばれ方が一般的だ。基本的にあまりよい味の魚とはいえず、長崎県にいたっては食す習慣すらない。そのため、潮の流れの緩い湾内から河川の汽水域、外海までびっしりと魚がいる状態。

ということでトップウォータープラグで釣る動画を動画サイトで流してみたら、たちまち海外の釣りキチ連中に知れ渡り、会うたびにクロダイに行ってみたいと言われるようになった。

クロダイ釣りのいいところは食うまでの間がいいところ。水の中が見られる場所や偏光レンズ越しで見える場所で釣ると、そのなんとも可愛いチ

トップと夏とクロダイは、ソルトルアーのなかでバスやライギョに近い釣趣があるゲームだ

エイスの姿勢が見える。何気なく泳いでいるクロダイにサーフェスルアーを投げるとフッと気づくわけで、そのリアクションが「ソレナニー？ 見つけたー！ 食えるかな⁉ 食っていいのかな⁉ 食っちゃおうかな～」ってな感じでガブッとくる。まあライギョ釣りにすごく似ている。食う前の前ビレの動きがそっくりである。まさにトップフリークには最高の暇つぶしターゲットだ（笑）。

クロダイは基本的にサイトの釣りであり、多少の濁りはあってよいとは思うが、魚が見える程度の透明度が必要かと思う。クロダイはたいていどこにもいるが、とくに水質の悪化に強く、港湾内や河川内にもたくさんいる。悪食は有名でスイカで釣るなどの釣法もあるくらいだ。

長崎地方ではあまりよい扱いを受けない自由な魚である。つまり、誰も種としての彼らの生命サイクルをおびやかすことはない。簡単に言えば需要がない魚だ。もしすごい利用法があって有名になったら、それはクロダイにとっては危機的な状況と言えるだろう。

海外の釣友に知れ渡り、わざわざ来日したものだからガイドした

ただし、クロダイにもいろいろな生活パターンはあるだろう。つまり、浅いラインを主に活動するものや深いものなどだ。これは大抵の魚にもみられる生活パターンの幅のようなものかと思う。それによって種としての保存に保険的意味合いを感じるところがある。

確かに辻褄はあっていると思う。そのため、ルアーで釣るといってもいろいろな方法で釣ることができるが、そのどれもが単一的な釣法によって壊滅的に釣るにはいたらないところがそれを物語っている。

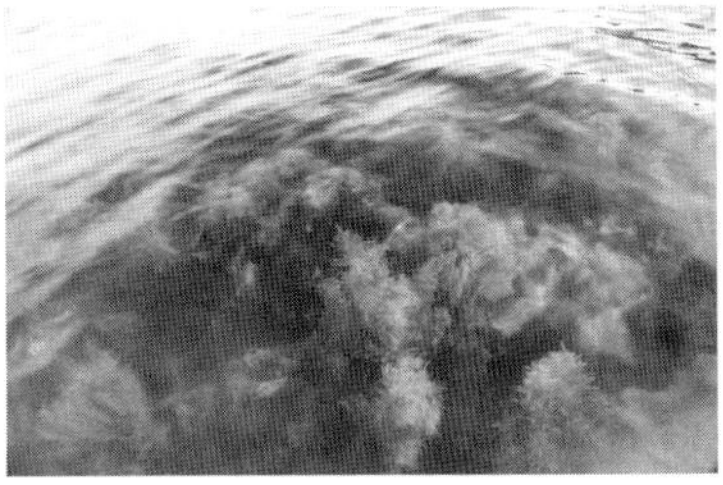

浅い海域がメインステージ。海藻やカキ殻など、貝類やカニなどの甲殻類が多い場所が有望

トップによく反応する。その反応は愛嬌があって心憎い

こういった扱いを受ける魚でもう一魚種知っている。GTだ。漁業的価値が低く、釣り人のゲームのためだけに繁殖しているようなポジションだ。GTはわからないがクロダイはリリースで魚が生き延びやすいのでシーズン初めと後半は魚のルアーに対する活性は若干変わりもするし、日ムラも大きくなりやすい。

魚のベース量にも影響するが、シーバス同様にある種のスレを感じることがよくある。まあ見えている魚なのでとくにそれを感じるわけで、それを踏まえるとベストなのは6月中旬あたりからセミが鳴くあたり。夏が最盛期になるだろう。だが、季節的には6月は梅雨期でもある日本の場合、水温の激変が起こりやすく、濁りや淡水化等の水質の変化も付加されてくるので釣りのできるできない条件が変わりやすく、注意が必要だ。

総じてサーフェスゲームの場合、基本的に雨が少なく濁りがない状況のほうが釣りはしやすい感じだ。地形的には潮の流れが緩く浅い藻や牡蠣などの貝類が多い海域で、流れの脇の緩い流れに沿って泳ぐ姿を見ることができる。

ピーカンでベタ凪の日がよい

◉ルアーとの間合い

どこにルアーを届けるかも重要

サーフェスで釣る場合、基本的にコントロールは非常に必要となる。だだっ広い遠浅でマイグレーションしている個体をただ拾うだけでよい場合はアバウトに投げていけばよいが、見えている魚をねらう場合、ルアーの着水位置には気を使わないと釣り始める前から怖がって逃げてしまう。

一定の間合いやサミングによる着水音の軽減等は、よりヒットレートを上げるために必要となる。また、壁ギリギリや橋の下、船の底部分、イカダの下などにいる場合、タイトに投げることが魚のヒットに繋がる。そのほか、ねらう際に複数と単数であればルアーに対する反応は大きく違ってくる。魚がエサであるルアーに対して競る反応を見せるか否かの違いになるからだ。複数で泳いでいるとスプークしにくく、なおかつアグレッシブな反応を見せやすい。

お前が食うなら俺が先に食うよ、みたいな、しゃべりはしないがそういう競りはジギングやシーバス、ヒラスズキでも見られる光景だが、クロダイは顕著である。

ルアー釣りは単数同士の化かし合いかと思うが、基本的には多数の魚のなかにあるルアーに対して複数の魚が競ることで活性が上がった結果ヒットに繋がることも多く発生している感じは否めない。

タイラバ等の前アタリに関しても基本的にマダイ単体がついばんでいるとは考えにくいと私は考えている。タイラバに群がるイサキやその他の魚の群れに大きな魚が参入する可能性は多分にあると考えている。

魚がよく見えるシイラやクロダイの釣りは、魚のそうした習性の一端を見るよい機会かと思う。

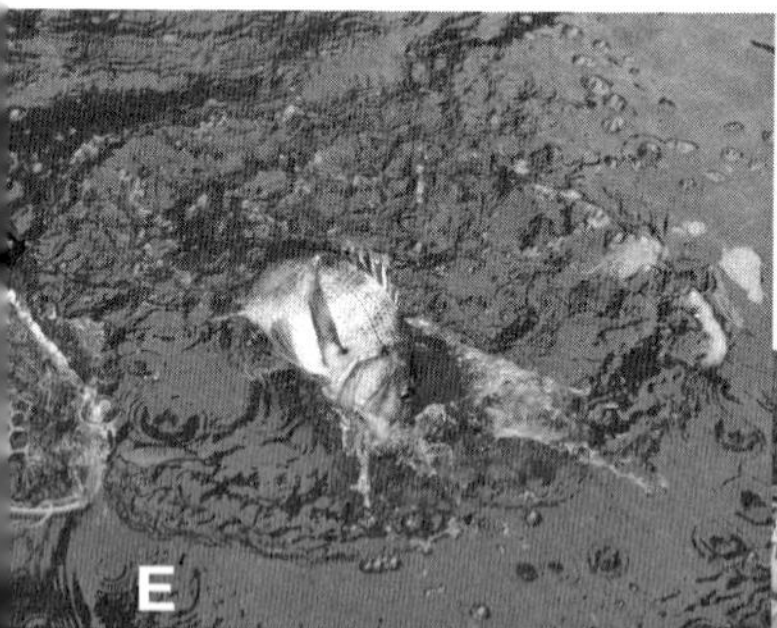
E

C

A

A／驚かさない、されどルアーには気づかせる。この距離感を両立させるところが妙味だ

B／操作中も徐々に間を詰めさせる計算をする必要がある

C／キャストコントロールはこの釣りでも重要だ

D／大半が見えた状態でのゲームなので視覚的な刺激に絶えない

E／PE0.8号、リーダー16Lb前後に対して50㎝オーバーでも危機感はないが、首振りの抵抗はなかなかスリリングでよい

F／嬉々としながらも他魚との比較や応用など、学ぶ点はあるものだ

G／使うルアーはトップウォータープラグ。日によってはヒットが集中するルアーも出てくる

G

F

D

B

魚が深い場合は音を立てつつゆっくり誘い、
浅い場合は魚の反応を見つつ止めては動かす

◉フックアップ

誘いは魚が深い場合は音を立てつつゆっくりめ、浅い場合は魚の反応を見つつ止めては動かすを繰り返す。基本的にはストップで魚との距離を縮めるタイプの釣りとなる。

水深が深い場合はとくに数回にわたって動かすか、浮くまでの時間を加味してゆっくりめに動かすほうがよい。ただし、ゆっくり動かすということは時間がかかってしまうということ。つまり、魚の居場所が特定できていない場合は、タイムロスの危険性があるということを考えておく必要がある。もちろんだが、貝をついばんで食べているクロダイは動きがゆっくりだが、夏から秋にかけて水面直下を泳ぎ回るイワシに付いている場合やヒラスズキの外道で釣れるクロダイはなかなか素早い。小型のシングルスイッシャーなどを使ったり、ペンシルのドッグウォークなどで釣ることが可能となる。

ルアーに対して魚が複数で競い合い始めるとはっきりと釣りやすくなる

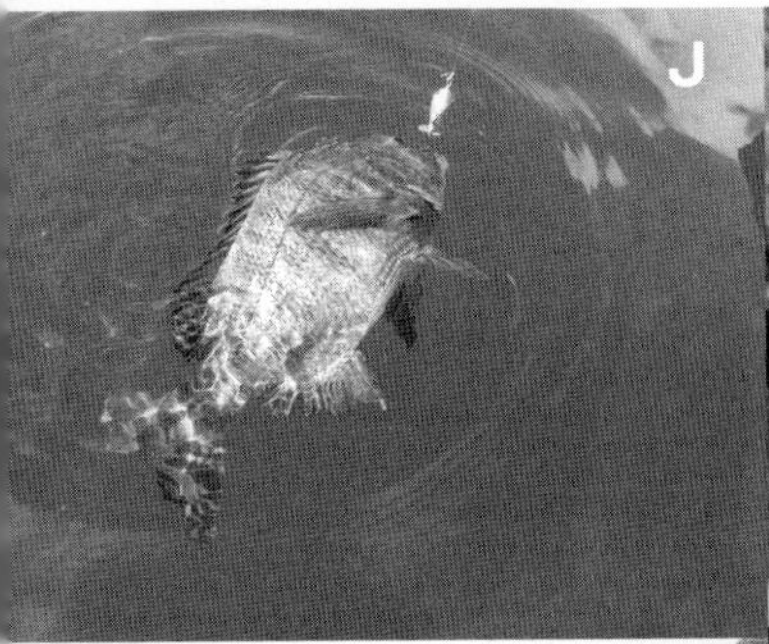

J

H

K

L

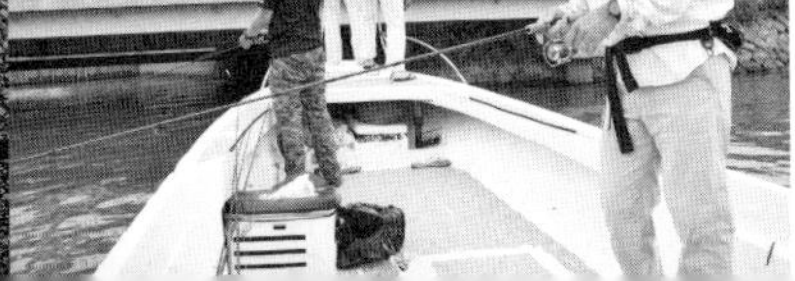

I

H／スイッシャーも有効ルアーのひとつ

I／日常生活の風景のなかに釣り場があったりする。そこがこの魚の持つ魅力

J／広大なシャローでマイグレーションしている個体をねらうならアバウトに投げてよい

K／生息環境からすればゴムボートの釣りにも非常にマッチする

L／イワシに付いていたり、ヒラスズキの外道で釣れたりするクロダイはその動きも素早い

人間にとっては何の変哲もない水路だが、釣り人と魚にとっては意味を持つ場所になる

血潮がたぎるシイラの釣り

夏の最強ツンデレ魚種はやる価値アリ

有無を言わせない興奮状態で人を巻き込むシイラは、中毒性のある釣りモノ。持ち味は二面性で、真っ昼間にド派手に飛び出してきたかと思ったら、寸前で手の平を返したかのように知らぬ顔をする。食わせ、掛かってからの死闘。狂おしいターゲットである。

◉シイラのクセ

ソルトルアーでは季節的要素が大きく、シイラは風物詩的な魚である。私的には、もし釣るだけ釣ってよいのであるなら毎週行ってもいいが、ひとしきり釣るとすぐに大型クーラーボックスが満タンになってしまうので、そのあたりが頻度の減退となる要因である。まあ、大量にフライや魚肉加工品を作る以外、一般家庭ではどうしようもない状態になってしまうからである（笑）。

ただし、釣り自体は非常に楽しいし、ルアーフィッシングという趣味の道を修練していく意味からいけば、夜間シーバスしか釣っていないような釣り人には視覚を使って魚との間合いを感じつつルアーを操作するこの釣りは非常に新鮮であり、技術の発達に寄与する部分がとても多いと思う。そこまで本気の人じゃなくても魚がピーカンの昼間に目の前でルアーにガッツリ食い付くなんてことはかなりの興奮を覚えるわけで、大抵1回では終わらずに2、3回は行ってしまう人も多い。

ただ、先に述べた持ち帰りの問題で家族からの総ツッコミが入り、ブレーキがかかってしまうのである（笑）。

怪獣かウサギか、とにかく跳ねまくりのもんどりうちまくり

いずれにせよファイト自体のお勉強には非常に寄与する魚である。ドラグを出しながら派手にジャンプする魚はルアー対象魚でもかなり希有ともいえる。味や漁業的価値はさておき、ヒットレートに対する魚の引きとジャンプは魚釣りを修練と捉えればかなり経験値を上げることが可能となる魚種といえるだろう。

九州の場合、とくに有名なのは宮崎沖だが、漁場との併用のためにキャッチアンドリリースはないので、基本的に上手くなれば上手くなるほど持って帰る魚の量が増えるのが問題である。その点もあってなるべく型のよい魚を選んでヒットさせるという技術の必要性に迫られるわけである（笑）。まあ、結局ヒットすればその呪縛からは逃れられないわけだが、どうすればその日食いにくくなり、反面どうすれば食いやすいかという現場の空気を顕著に感じることができるかがこの釣りの機微かと思う。

その引きはまさに暴力的で、ちょっと落ち着け！と声をかけたくなるほどだ。デコが出たのがオスだ

大きいサイズだけ釣ろうとすれば、現場の空気をいかに顕著に感じられるかである

これがパヤオ。浮き魚礁やシイラ漬けとも呼ばれる。ルアーを引っ掛けると厄介なので要注意

ファーストキャストはなんにしても釣りやすいが、魚が大きくなるにしたがってルアーをよく見るほか、時間の経過とともにヒット率は確実に下がっていく

マニアの話はさておき、気になる釣り道具の話だが、絶対に逃がしたくないなら専用のシイラタックルにするのがよい。PE2~3号対応のボートキャスティングロッドが適切だ。もちろん最終的なランディングまでを考えておくべきである。そこまで持ち帰りに一生懸命でなくてよいなら8ft程度のやや強めのシーバスロッドにPE2号程度でも充分に対応は可能である。

当然ラインを出しつつファイトしなくてはいけないが、ドラグが20m以上出るファイトはある意味稀少とも言える。釣りはトライアンドエラーの積み重ねで対応することによって上達するところが大きいので、魚がたくさんいる場所での釣りはある意味そういったことへの近道でもある。

そういう意味でタックルにハマらず、まずは行ってみることをおすすめする。ライギョタックルでもなんでもある程度のタックルなら普通に使用できるだろう。天候的に凪ならフライも結構ハマる釣りとなると思う。

8ft程度のやや強めのシーバスロッドにPE2号程度でも充分に対応は可能。

宮崎沖だと港を出て40分くらいだろうか、そこから釣りが始まるのだが、シイラのルアーへのチョイスが非常に面白い。

船が止まって皆キャスティングするわけだが、いきなり水面が炸裂することもあるが、大抵の場合、なんというか水面を連続横飛びしながらルアーに寄ってくるなんてエサやり直前のイルカかカンガルーくらいのものである。そんな具合に喜んで飛んできたにもかかわらず、いきなりガブッと食い付くわけではない。もちろんファーストキャストはなんにしても釣りやすいが、魚が大きくなるにしたがってルアーをよく見るようになってきて、それらしいルアーをそれらしく動かさないと釣れなかったりするのだ。これが一斉に皆が投げたルアーでその結果が出てくるので、ある意味シビアな現実が出やすくなる釣りなのだ。

つまり、あんまり考えなくても釣るだけなら釣ることはできるが、一方で難しく釣ればそれはそれで難しくなるのがこの釣りなのだ。ひとつは水の透明度と太陽光線の問題がある。

曇っているとシイラはパヤオから離れやすい状況になりやすく、雨が降るとサーフェスに出にくくなるが、晴天が続くと魚はベッタリロープ沿いに付いている状況が多くなる。

また、潮流が強く当たればヒットレートは上がり気味になり、潮が緩いとレートは下がり気味になる。

まあ、はっきり感じることがある日もあれば、なんとも知れない日もあるので私がこう書いていても正解なのかどうかは実に怪しい。

通常のパターンだとパヤオ近辺に船が止まり、プレーンが取れたタイミングくらいで皆一斉にあちこちに投げる。例えば、投げるルアーが5個だったとすると大抵魚がルアーに触るのは4人くらいで、ヒットするのは2人くらいになる。あの迫り寄ってくる勢いの割にセレクティブなのである。

デコの出っ張りがないのはメス。似たような長さでもオスとメスでは随分体格が異なる

渓流釣りでもそうだが、ファーストキャストしたルアーが着水してから3分後には80％あったヒット率は15％程度に下がっている。つまり、5個のルアーを各々が投げて2投目まではなんとか釣れるが、それ以降はかなりいろいろやらないといけないわけである。これが100基を超えるパヤオだからいい感じに釣れるが、もし30基以下だったら釣れる本数は激減するのは間違いない。

まあルアーをやっていていろいろ考えたいなら非常によい機会かもしれないと思う。

ヒットを効率的にさせたい場合、まずはルアーうんぬんよりも人より先にちゃんとしたところにキャストすることが大事だ。小型も大型もシイラは基本的に10～20mラインに沈んでいるようで、浮き上がってきて競りながらルアーにアタックしてくる。それを見越して最初はあまり速く巻かないほうがよい。大型ほど真下や日陰からもんどりうって食い付く場合が多いからである。

ルアーは小型にするのか大型にするのか？ これも個々に判断が分かれる。

先に述べたように競るのであればサイズは小さいほうがすんなりいく。誰でも一様に釣れると言ったのはここにある。最初の活性のよい時点ではもたもた動かしているルアーのほうが魚の目に付きやすく、あまり釣りがスムーズでなくても向こうから興奮して食い付くのである。

ただ、それからは急激にセレクティブになるし、キャスト方向も非常に重要になる。魚の頭に投げつけて適当に釣れればこれに越したことはないが、一旦浮上して水面をウロウロしている大型の魚を意図的に釣ろうと思えば、まるで泳ぎ回るライギョを釣るように気をつけ、悪い刺激をしないようにルアーを見せる必要が出てくる。

一方、大きめのルアー、これは16㎝前後のプラグを指すが、こういったもののほうが初期のアピールは大型には効くようで、ヒットはまだしもアタックはかなり頻繁である。

どちらも基本的にはワイヤーやブイ下部の影の方向を意識したキャスティングが必要になってくる。

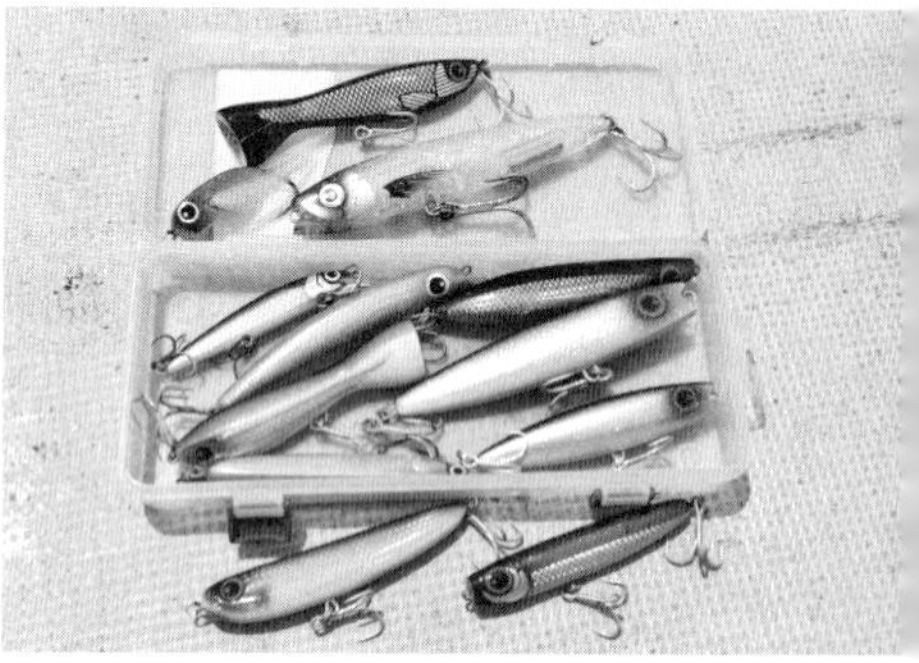

使用するルアーはポッパーの類。当然大小使い分けるが、基本的に最初は大きいの、その後小さいのを使う

まるで泳ぎ回るライギョを釣るように気をつけ、悪い刺激をしないようにルアーを見せる必要が出てくる。

激しさと繊細さがごちゃ混ぜになった釣りだ

◉お決まりのオチ

　シイラはシーバスに比べればヒットしてからが長いし、甲板でも大暴れですべてにおいて往生際が悪い（笑）。セットフックは鋭く2回するが、シンキング系のプラグを使っているとシイラが飛びまくっているうちにルアーが振られて外れる場合も多い。

　基本的にラインテンションの持って行き方次第なのだが、人それぞれに癖が出てしまってバラシ連続なんてことも多い。

　魚のテンションは高くても低くてもバレやすくなるが、基本的にはルアーの重量次第という感じである。速やかに上げたい場合はヒット直後から引っ張るように巻けば一度もバチャリともせずに寄ってくるが、手前にきたら頭は絶対に水に付けられない。ファイトが長くなると魚は下に潜り始め、3分で上がるところが30分かかってしまいかねない。だから体力がない人ほど短時間でランディングすることを心がける。

　ランディングは網かギャフを使用するが、どちらも経験者が使わないと最悪でまた海にかえってしまう。網であれば掬ったときの動きを止めずにそのまま持ち上げて甲板に取り込まないと長い魚は体を折り曲げてまた外へ出てしまうのだ。

　取り込んでからもまた大変である。手早く取り込んだということはまだまだ魚に体力が残っており、1m30cm前後ともなれば言うまでもなく、それが暴君のようにのたうちまわるあの魚だとすれば、船上で大暴れするのはお決まりだからだ。

　ホームセンターで販売している50mm厚のスポンジを甲板に敷いてなるべくバタバタしないようにしても、大きくなればなるほど問答無用というような状況になる。まあ、帰りの死体の押し付け合いを考えると、ある程度ファイトできたら自動的にフックが外れるといい感じだが、キープする人にはどうしてもこれは避けて通れない。

速やかに上げたい場合はヒット直後から引っ張るように巻けば一度もバチャリともせずに寄ってくる。

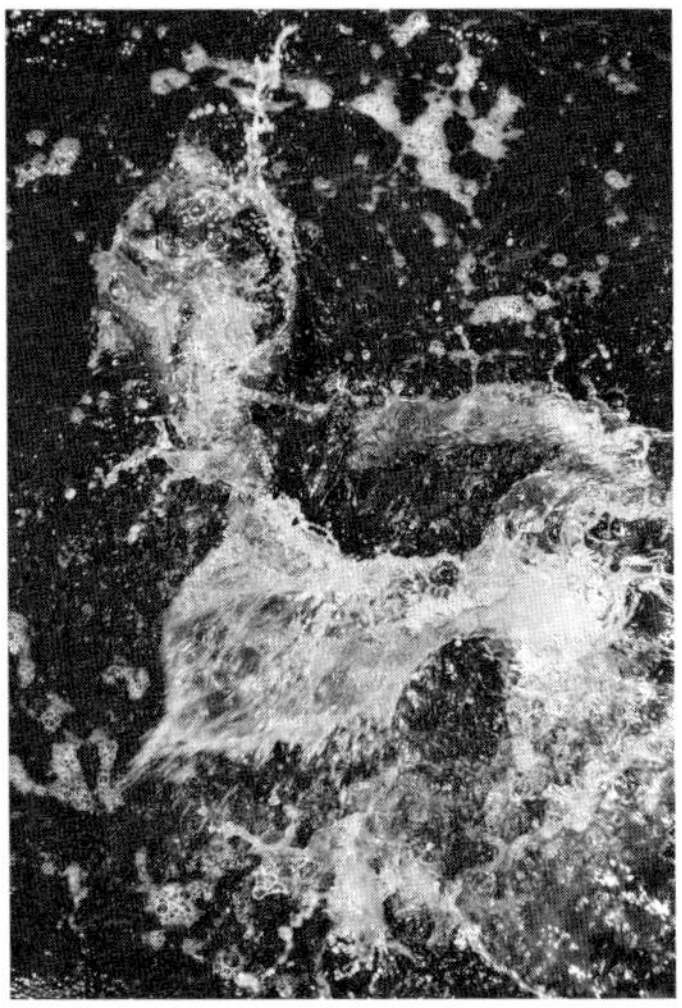

この暴れよう。甲板に上げてもしばらくはこの状態というのが相場だ

自分のファイト癖が出る釣りでもあり、普段気づきにくいことに気づくチャンスでもある

夏が来れば思い出す。そんな炎天下で楽しむ釣りだ

ブリは全国区の青もの

釣り場やタックルや引きなど多方面でマイルド

世の釣り人の格付けではヒラマサやカンパチの後塵を拝し、ねらって釣行することはほとんどないが、九州の正月には欠かせず、純粋な魚の身の味はヒラマサよりもいいのではないかと思う。青もののなかではキャッチしやすく、入り口としては非常に適した存在である。

◉懐の深さ

ブリは日本近海の代表的回遊魚として親しまれている。まあ、この種の魚は日本近海だと2種類（ブリとヒラマサ）、形の似たカンパチを入れると3タイプ存在する。漁業的に日本全国で養殖が行なわれているわけで、どこでも釣れる青ものとして浸透していると思う。

私個人の見解から言えば、ブリはヒラマサとの混生も含めて環境対応力が一番強く、河川内などの汽水や湾奥の浅い場所などにも回遊してくるイメージである。体形的にはまん丸でファイトはマイルド系（笑）である。とはいえシーバスやマダイよりは引くのでいい感じに楽しめる魚であり、エサの選り好みもそこまで激しくなく、優しい感じがする魚である。

ボトム付近で掛かっても根に突っ走ったりすることが少ない

どの魚も当然そうだが、エサにくっついて回るために、その魚の接岸時期は限られてくるものである。回遊魚を岸からねらうという釣り自体、基本的に瀬に付く習性の強い魚のほうが長らく釣れるわけであるが、ブリ系の魚の場合、ヒラマサのほうがブリよりもその傾向が強い気がする。つまり、浅くなるにつれてブリよりもヒラマサのほうにシフトしている気がするのである。

実際、オフショアからジギングやキャスティングをしていくとわかるが、ブリは水深の制約があまりないが、ヒラマサは水深が浅い方向に釣果が伸びる傾向があるように思えるのだ。「ヒラマサは瀬に付くけどブリは瀬に付かない」という古い言葉があるが、基本的にはそのとおりに感じる部分はあるように思う。ただし、沖縄あたりの巻き網漁のデータを見ると、ヒラマサも沖のブリについて回るものも多いようで、実質的にはエサによって個々に対応している部分が多い気がする。

3～4月に限って言えば、割と岸寄りに来ている時期ということは言えるだろう。種子島や屋久島などの鹿児島南岸でブリが岸から上がる時期に当たるからだ。

シーバスやマダイよりは引きが強いが、ガチのタックルでなければ太刀打ちできないというわけではない

そうした場合、シンペンやジグ、またはミノーなど、サイズにさえこだわっておけばあらかた釣ることができると思う。

道具（タックル）は魚をある程度引っ張れる最低でも4kg程度のドラグをかけられるシステムであればとくに難しいこともなく上げることができると思う。大抵の場合、魚体が6kgを超えてくるあたりからファイトがやや難しくなって、ヒット直後の初動が遅れて魚に走られてサヨウナラというパターンも多い。

ただし、カンパチなどに比べれば、ブリは結構優しい引きをする魚である。人によってはシーバスロッドでも比較的安全に釣れる。それは障害物に顕著に絡もうとしない傾向があるからだと考えている。ヒラマサのように底でスライドしたりもせず、割に素直にファイトできる魚というイメージが強い。

九州北部では12～1月になると釣れ始めるが、卵でデブデブになった動きのよくないサイズが釣れるのは例年2～3月というところだろうか。

ヒラマサはブリとよく似た青ものだが、さまざまな点で少しずつ異なっているが、ハイブリットもいる

浅くなるにつれてブリよりもヒラマサのほうにシフトしている気がする。

見栄えはいいが、基本的に卵に身が押されすぎているから残念ながら美味しくない。食べるならやはり卵が大きくなる前の1～2月のほうかと思う。

ショアから青ものをねらうフリークは結構多いが、基本的には通年ねらうというのは難しく、多少のエリア移動は必至である。先にも述べたが、ブリという魚、南は沖縄北から北は北海道まで分布するというスズキよりも生息範囲が広い魚だからである。

例年2月になると沖縄西方海上では巻き網船が航行し、1万5000尾のブリ、それも平均10kgを水揚げしたというような話が入ってきたりする。

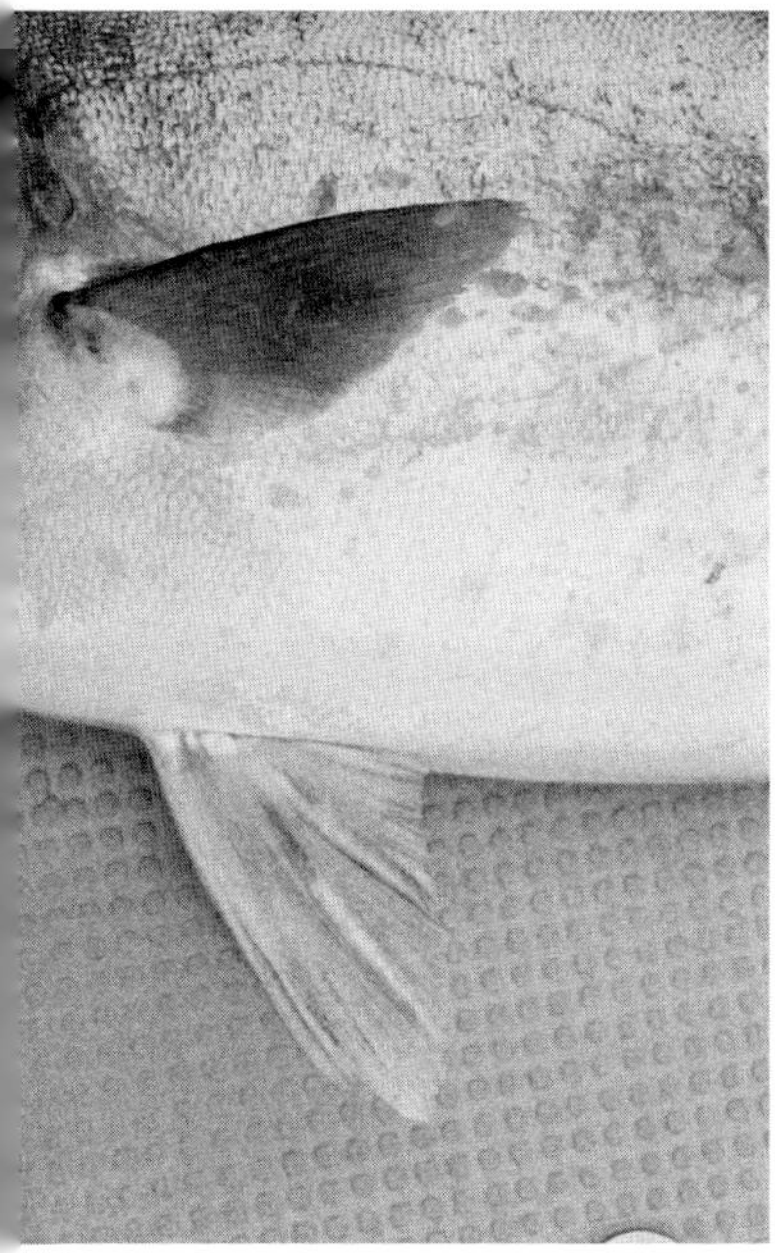
ブリとヒラマサは上アゴの端の形状（ブリは角張っておりヒラマサは丸みを帯びている）や胸ビレと腹ビレの位置、胸ビレと側線の位置から見分けがつく

南の海に多く、レンジは概ねボトム付近で引きが強烈なのがカンパチ

ブリは水深が深いところにも普通にいるし、寒冷地から南国まで日本全土にいる

オフショアのジギング、キャスティング、ショアのキャスティングやジギングでも釣れ、多様性に富む

知らない人も多いと思うが、ブリは尖閣諸島の辺りまで生息しており、遠洋巻き網の漁場としてはものすごい数のブリが水揚げされているのだ。

基本的に魚釣りの常ではあるが、魚がいる場所の特定において、とくに青ものの場合は地元の沖の漁師や釣り船の情報に顕著に反応しないと釣りが難しい傾向が強いと思う。ドコソコのナニを使って釣るということより、今どこでどれくらい魚がいるのかが当然のことながら最優先事項である。そこをうまいタイミングで見つけることができれば、大方釣りは成功する。

ブリは沖磯やオフショアだけでなく、地磯はおろか河口にも入ってくる。食っているのもイワシやスルメイカのほか、コノシロまでさまざまだ

◉時間帯も考慮する

ショアからのルアーに関してはメタルジグ、ポッパーペンシル、ダイビングペンシル、シンキングペンシル、ミノーなどなど、大抵のもので釣りができると思うが、シーバスなどと基本的に違うのは、釣れ続けるパターンにはなかなか辿り着けないというあたりである。つまり、ポツポツは釣れるけど岸から5kg以上の連発はよほどの状況でない限りありえない話ということで、いいところ大きいサイズなら同じ場所から3尾も抜けらたら素晴らしくよい日という話になるだろう。

一方、ボートの場合は当然ながらお金を払って機動性を上げているわけで、動き回っている魚に近づいて釣るので幾分マシな部分もあると思うが、海域的ムラ（この海域には多いが、この海域には少ないという差）があるので、船と場所をアングラー側で選択しないと単なる船体維持のボランティアになってしまう。なので、きっちりと事前情報を調べたうえで選択しないと釣れにくい。

ただ、有名船の場合は予約が必要になってくる。そうなるとよい日も悪い日も関係なく、乗る必要が出てくる。私の場合は、長期的に予約を入れる場合は季節的要素での予想が外れにくい時期に予約を入れるようにしている。

それほど有名ではなくても現場の情報に顕著に反応して乗れる船のほうに釣果が出やすいのは言うまでもない。そのため、空きがないほどの有名

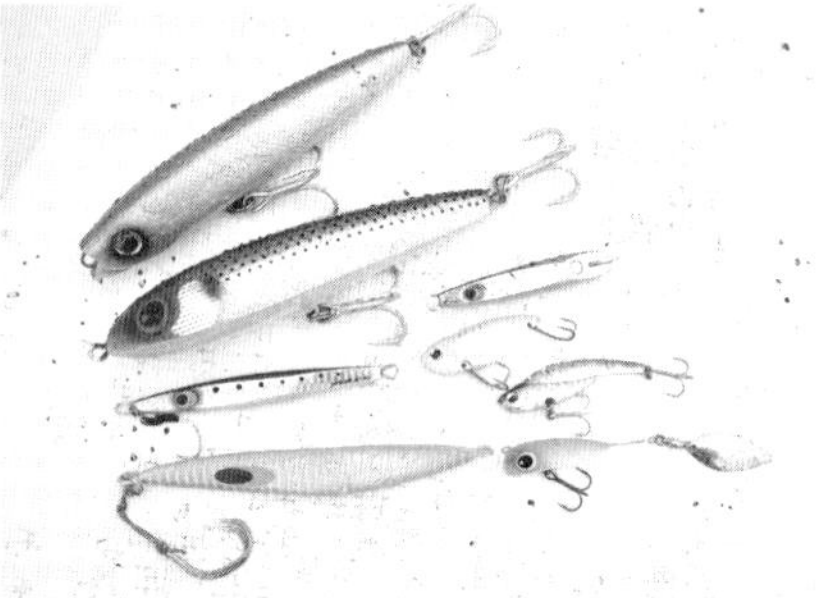

プラグやメタルジグなどさまざまなルアーで釣れるが、サイズにには こだわっておきたい

シーバスなどと基本的に違うのは、釣れ続けるパターンにはなかなか辿り着けないというあたり。

船は基本的に使わない。もうひとつ、1日の始まりと終わりのどちらかの時間帯に現場周辺に残れるか否かも問題になってくる。つまり、朝と夕方、個人的に春先前後は夕方が重要と思っており、その時間帯までポイントに残ってくれるか否かも重要な部分である。

　これは、キャスティングにおいてとくに必要な話であって、ジギングの場合はやや魚が沈みやすい日中でもいいかと思う。

ブリはヒラマサよりも体型が丸く、色は浅い。若魚は爆釣もしばしばある

▲オフショア全般に言えることだが、青ものになるととくにさまざまな条件を勘案して釣行日を特定するほうが可能性として高い

抱卵でパンパンになった個体は見栄えはするが、食味はイマイチ

▶ベイトが鍵を握るが、ベイトを考えるときは大小にまで意識を向けておきたい

先に述べたとおり、ブリはとくに瀬に着く感じではなく、だらだらとフラットなカケアガリなどにベイトと共に広い範囲をマイグレーションしているケースも多く、急にバタバタ釣れたり、釣れなくなったり、またボツボツながらいつまでも釣れ続けるパターンも多い。
　ルアーについては、オフショアの場合、ひとたび釣り船を選んでしまえば死ぬも生きるも船長次第ではあるが、釣り人側でも冬はベイトの大小に気を使う必要があると思う。つまり、ジグやプラグを小さくするか大きくするかはやや結果に響く可能性があるかもしれないというあたりである。あとは勝手にどこそこの何々ジグがいいだのなんだのと声高々に喋っておけば気がすむと思う。

▲水温が高い時期はマイクロベイトパターンになり、食わせるのにあれこれ考えなければならない

▼少人数でも出船する小型の遊漁船や長い時間釣りができる遊漁船も使い勝手がよい

§4 取材後記

自分の釣りを見せるとき

オフショアのヒラマサロケ

春のヒラマサというお題を受けて玄界灘でTVの撮影を行なった。正直なところ、ロケ当日がどう転ぶかは誰にも解らず、なんの保証もない。だからこそ下調べをし、それを活かしつつ当日に合わせる。そこで気にしたことと自撮りの動画撮影についても述べてみたい。

◉テレビロケ下調べ

雑誌の連載やテレビ番組のロケを引き受けたりするのでそのあたりの話を進めてみたい。テレビロケもいろいろで、取材日がたったの1日でやっつけるというのもある。2回目はない。つまり、失敗したらそのまま放映という恐ろしい番組なのだ。ルアーパラダイス九州TVという番組で、見るほうはよいが出るほうにはかなりのリスクがある。

そこで、いきなり番組取材というわけにもいかず、事前に現場の状況を知る辺りからスタートする。釣れればいいいが、別に釣る必要はない。ただ、よく見る必要がある。

どういったところを見るのか？　半月後の傾向を知るために、まずは獲物の数や居場所、ルアーに対する反応、船長の流し方の癖などを見るわけである。

釣りをするうえでもっとも重要なのは獲物を知ること。これを知ることはこれから先の長い釣り人生には大変役に立つわけで、本日釣って面子を保つか否かはあまり重要ではない。要は釣ろうとしたときに獲物が釣れればよいわけだ。

そのためには、どういうことに反応するのかというデータの蓄積が必要なのだ。ところが、知ってのとおりルアーの場合、釣り人はその時々にひとつの仕掛けしか試すことができない。そのため、同条件での比較ができないのだ。このジグで釣れたとか、この色で釣れたとか、こうやってシャクったとか、幽霊話のような主観での話が横行しやすい。私個人が必要と思う事柄は、魚探に何が映っているか？　魚のチョイスがどの層なのか？　ジグサイズのヒットの傾向、水温と当日の天候の関連等。これらを加味した判断が必要になる。

実のところ取材前には2回ほど調査している。一度目で感じたことを2回目で検証するためである。これがショアの取材であった場合、予定地での事前チェック自体では魚を釣らずに行なう場合が多い。抜けば魚が減ってしまい、また魚をハリに掛けても同じような結果になるからだ。

「いや～数日前は釣れたんですけどね～」みたいなセリフを喋る人間は、基本的にそういったとこ

ルアーパラダイス九州TVという失敗したらそのまま放映する恐ろしい番組（笑）に備え、事前に調査をして臨んだ

ろでタイミングを逸している人物かと思う。そんな痛いことはオフショアボート釣りでは基本的に起こらないので根本的には練習や調査はしやすいわけである。

調査1回目はそのひと月前に釣行していたときからするとかなりの違いがあった。

基本的に春先の水温が低い時期だったので、低水温からなのか当日の海面が荒れていたからかは解らないが、サーフェスはまったくのヒットなし。魚の追いすらなかった。それを自らやりつつ他の乗船者のための調査もやっていた。

ジギングについては電動ジギングと手シャクリのヒットレートは結構な差があった。約1.5倍である。ジグの大きい小さいは200g以下であれば極端に違いは出ていないような感じはなかった。

主観的に注視したのは、魚はどこから追いかけてどこでヒットするのか、というあたりで、季節的な動向として、春は中層から表層への拡散が目立つ季節と思っている。事実、ベイトは表層から中層に映る場合も多い。水温の低下とともに光線の影響がある辺りまで浮き上がってくるという方向が考えやすい仮説だが、そうした場合、その日の天候による上下差も出てくる可能性がある。

たとえば、寒波が入ったシケであれば魚は表層からだいぶ下にいるほうが安定する。しかし、無風の暖かい日であれば表層に上がってきたほうがよくなるわけだ。

2回目は自分でも思うような仕掛けを入れてみて、そのパターンが鉄板化するか否かというあたり。釣りの取材をするということは、それを見る人もいるわけで、なるべくわかりやすい鉄板パターンを提示できたほうがより面白いかと思ったわけである。

オープニング。自撮り動画の撮影から編集もやっているので、まあどちらかと言えば慣れている

早い段階で1尾が出てくれ、ある意味シナリオどおりに進んでくれるだろうと安心した

ポンピングの巻き下げはとにかく屈伸の動きとともにスピーディーに行なう

サイズアップし、テレビの流れ的にもいい感じで進んだ

ラッキー要素の強いジギングの場合、船長判断が7割以上で残り3割が釣り人の技術力による割合だとした場合、単なる上げ下ろし以外でき得ることは魚探でベイトの遊泳層を知り、ヒットゾーンを効率よく絞って釣っていくという部分がもっとも大きい。

それを裏付ける要因ともなっているのが電動ジ

下調べでは、魚はどこから追いかけてどこでヒットするのかというあたりに注目していた。春の季節的な動向は中層から表層への拡散が目立ち始める季節である

釣りの模様を見る人がいるのが前提だったので、なるべくパターンを明確化させようと考えていた

ショアの取材であった場合、予定地での事前チェック自体では魚を釣らずに行なう。

ギングである。

手シャクリよりも巻き上げが速く、より広い泳層までを探ることができるため、ヒットレート自体が高くなっている。つまり、手シャクリではキツい動作を試すことなく1日が終わるわけで、あやふやな感覚のみしか得られないわけである。

私個人は、魚は一旦ジグに付いたらそのルアーのみにしか興味を示さないと考えている。つまり、よほど近い横並びの操作以外ではジグを選んでヒットしているわけではないと考えているわけだ。それには魚がバイトするまでの判断基準の想像から来るものが多いが、まずは暗い海で人間のいう視覚要素は自分の範囲数mも効果がなさそうである。

それより音や波動のほうが魚には重要なはずで、そうなるとジグの大きさや形状、ジャークや巻き上げのスピードなどが重要となるのだが、基本的に決め手になるジャークやジグ形状は大きな意味では一律な感じであり、より広い範囲を効率的に釣っている電動リールのほうがヒットしやすいという客観性に興味があるのだ。

もしそれらしい波動をしたらどうなるのか？ということでテールフックに自然な感じでペラを付けてみた。それを中～低速で手巻きで半日程実験したが、他のノーマルジグとの差はなかった。

もうひと回りサイズアップに成功し、下調べが下調べとしての目的を果たしてくれた

撮れ高も充分だったようで、雰囲気はまあよかった

◉ロケ本番

ここまで試した結果から当日やることのいくつかの部分が決定した状態になる。

この2日で有効と思われたことは、まずジグは140～120g程度。魚が希薄なのである程度の存在感があったほうがヒットしやすく、バーチカルではなく、やや流しながら釣る。ラインが斜めにフケた状態から釣るため、ある程度の軽さを必要とする。ジグはフケが出やすく斜めに引いてもよい結果が出やすいジグを用意する。

当日の気温に左右はするが、基本的に中層以上までは我慢してシャクリのストロークを確保しておく。サーフェスは時間を浪費するので魚を確保

140～120gのジグを斜めの角度にして引っ張ってくるというのがパターンの大きな柱だった

GoProを準備して水中撮影も行なった。近年はドローンを飛ばすことも増え、あらゆる角度からの映像が届けられるようになった

疑問への検証の繰り返しがより真実味を引き出していく。

しやすいのはジギングになり、そちらに比重を置いておく。

これらの点以外の判断要素は、船長の当日の場所選定以外はなかった。その状態で本番に望むわけである。

傾向を掴んでいたおかげで効率よく魚を獲り続け、とりあえず形

サーフェスは下調べでもまったく反応なし。ロケ当日はジギング中心に展開して撮影班を安心させたあと、合間にキャスティングの探りを入れた

になる程度は釣れたわけであるが、事前の組み立てからは当日のアクションへのトリガーとなるべき判断点もそういったところを見て決定して微妙に合わせたりしつつ当日をすごすことになるわけである。

こうして連続して乗ってみて思うことは、釣れ

終盤は釣りを振り返りつつノウハウを収録した

るときにはなんでも釣れるわけで、そういった状況での一時の感覚というのは長いスパンで考えればただの一時的なデータでしかなく、その累積と疑問への検証の繰り返しがより真実味を引き出していくのかと思う。

ヒラマサ釣りは宇宙的な話が多いが、釣れるときもあるし釣れないときもある。エサではないものを操作し、誘って釣るわけだが、投げたり降ろした点から真っ直ぐ自分のほうに帰ってくるというデメリットがあり、そこが自然を語るうえでの最大の弱点で、それを認めつつも釣るための方策を練り続けることがこの道かと思う。

◉自撮り

近年、メーカーはもちろん個人の動画配信も多くなった。その視聴数を競っている人もいると思うが、基本的に自分が何をビューアーに伝えることができるかなので、視聴数はある程度いけばそれで充分である。私も動画はある程度やっている。私個人は長尺ものを作りがちで、伝えたいのは現場の雰囲気であり、自分の釣りである。

何回視聴されるかを考えると、基本的に1尾釣って短いのをなんぼ回すか？　みたいな映像になる。ぶつ切りでイメージだけというプロモーション系もあるが、まあやるならなるべくきれいに撮るしかない。

撮影は基本的にカメラマンが別にいたほうがいい絵がとれるのは間違いない。問題は1人で撮るときだ。三脚固定の一人忠臣蔵タイプは割に長尺使えるけど飽きやすい。次に頭頂部など体に取り付けるタイプは、よくカメラの宣伝に使用されているのを見るが、これが案外使えない。キャスティングで体が揺れたりしやすいので長時間のメイン動画としてのクオリティを保てないのだ。それに、自分自身が映像に入っていかないので臨場感が割とない。それなら固定カメラのほうがまだ使いやすい。

どうしても体に取り付けるなら背負子にカメラを取り付けることをおすすめする。これをやると肩の動きの影響を受けにくくなるので、キャスティング時にそこまで画面が揺れない。ジギングやキャスティングもある程度撮影することができる。それに自分も顔は映るので2人で仕事をしている感じの臨場感もある程度あるわけだ。

近年はドローンを飛ばすこともあるが、お決まりの画角はまあ差し込み程度には使えるくらいで、魚釣りの場合はどちらかと言えば水中動画のほうが使いようは出てくる。

しかし、より細かい撮影ならやはりカメラマンの手によるもののほうがよいかと思う。

あとは1～2個固定で撮って、ひとつは体でやれば1人の撮影でもある程度見られる映像は撮れると思う。固定カメラもウェアラブルカメラも共に水平維持には気を付けないとやはり使えない映像が増えていく。それと音声。これがなかなか。別で録る人はいないが、リニアレコーダー等で別々に音声録音していたほうが聴きやすいし、編集しやすくなる。

自撮りでは臨場感のある映像を心がけており、
さまざまなことを試している

津留崎健さんとの仕事

同姓、同郷、そして釣りという共通点

この釣りの世界に自分と同性の人物がいることは随分前から知っていた。しかも、鮮烈な記憶を残す写真を撮る人というのも知っていた。だが、そこまでだった。
何かと共通点が多いのを知ったのは実際に会ってからだった。

◉2013年ヒラスズキ

業界には2人の津留崎がいる。しかも同郷の出身である。

ルアーパラダイス九州という新雑誌の取材オファーがあったが、実は最初断った。奇しくもこの本の第1号の巻頭記事だったのであるが、どちらかというともういい歳である。

今もそうだが、業界に夢を抱いている連中にやらせたほうがいいのでは、とお断りしたわけである。結局はすったもんだした末に受けることになったわけだが、時期的にはやや取材に向かない厳しい時期だった。

基本的にヒラスズキがやや厳しくなるのは水温が下がり始めた時期である。産卵前の不活性になる時期または水温が下がりきった3月後半の数週間にそれが起こることが多い。

数回の寒波が来た11月下旬、それは行なわれることになった。

予報は北西のシケである。前日は大型のフェリーが欠航したほどだ。ヒラスズキはシケを釣るわけだが、寒いシケは時としてヒラスズキを岸から遠ざける。おまけに人為的な問題で同じ方向からシケが続くと皆もこぞって魚釣りに行くわけで、同じ場所や同じ方角に面した場所から魚がいなくなる傾向になる。

そんなわけで、そうした厳しい時期にカメラマンつきで取材なんて自殺行為だと本心から思ったわけである。しかも、釣りをする時間は約丸一日である。

波は4～3mという最高に釣りにくい状況である。初日は顔合わせの前に単独で釣り場の様子を見てポイントにはベイトが少ないというのを確認して終わった。シケ過ぎて危険なため、皆と合流したあとも釣り場に出るのを見送った。

1尾目のヒラスズキはサラシのポケットから出した

そのことがあり、翌日の朝イチに1ストロークで取材を終わらせるために排他的な場所を選ぶことになった。

40分谷を歩いて海岸に出た。荒れ狂う波は人を海岸から遠ざける。海抜5m程度の高さでも楽に波を被る状況である。

岸から波に対して一直線の防波堤にも似たワン

厳しい時期にカメラマンつきで取材なんて自殺行為だと本心から思った。波は4～3mという最高に釣りにくい状況である。

ドを塞ぐように伸びた岩場がある場所を選択した。

ねらうのはこの先端部付近にいるであろうヒラスズキである。

30分後、風の間隙を縫って入れたスポットからヒラスズキがヒットする。貴重なヒットなのでバラさないように細心の注意を払う。ひととおり写真撮影をしたのち、さらに山を越えて次のワンドにロープを伝いながら降り立つ。

「1ストロークで終わりにしましょう」

写真家にそう言って、ここまでついてきてもらっているのを踏まえて絶対的なポイントを選択した。波はかなり高い。波がそのまま通り抜けるワンドでは波の方向に地形が開きすぎており、ヒラスズキが食いつくような場所は一見してないことが明らかだった。

波に対してやや斜めに大きく切れ込んだポイントを選択することが必要なのが明らかだった。表側にも魚はいるかもしれない。だが、基本的に魚は表の波が作る流れに対して湾側からそれに引っ張られる渦のような場所をねらう必要があった。

波の高さからするとやや深いライン、水温の低下の問題もあるので急深の比較的暖かいであろう沿岸を選択する。

自分のいる場所が海面から6～7m程度上だった。それを考慮して荒れた海に対してアピールの高いルアーであるバイブレーションを選択する。

荒れているとはいえ、もちろんファーストバイトをとることに優位性はある。時間の経過とともに魚は興味を示さなくなるからである。そうなると浮き上がりに反応が薄くなり、ミスバイトも増えてくる。それは時化であっても大差ない。

待ちの釣りに切り替えればある程度の周期で釣りを展開できる。だが復路の道程を考えるとさっ

上／取材初日、本当なら釣り場を歩いているはずの時間帯に喫茶店にいた。どうにもならない状況とざっとしたエリアガイドを津留崎健さんに説明する

下／つまずいたり、滑ったりして転がると海に直結するような斜面を慎重に降りて釣り場に向かう

上／2尾目を追ってさらに釣り場を進んできたところ。入口は狭いが、こうしてモロに波とサラシが押し寄せている場所だった

下／壁にへばりついたような状態（冒頭に掲載した写真参照）でキャッチした良型を撮影するときも白波が押し寄せた

さと終わらせる必要があった。

海は満潮から下げに入っている。海は下げ潮のほうが波は落ち着きやすい。それを見越して立ち位置を決めても、立っている足元を洗うほど波が打ち寄せてくる。数回同じコースをトレースしたのち、水面ギリギリにステイさせるかのようにトレースしていたバイブレーションにそれはヒットした。

ただ、ここからが大仕事だった。垂直に等しい岩盤を伝いながら、魚をコントロールして泳がせつつ、波によるテンションの増減をロッドでのクッションで解消し、4mほどまで立ちはだかった傾斜に対して大波を利用し、1回で丘に打ち上げた。

ある程度のサイズであったのでこれを撮影したら終了という状況だった。そこから車まで1時間歩くことになったが、普通には行くことのない特異な景観とその結果に感謝しつつ歩いた。

◉2016年ヤマメ

ヒラスズキ取材を決めた晩、食事をしながら話していると、同郷のルアークラブの先輩後輩の関係であることが判明した。

特に、渓流となると当時のクラブのおじさんたちが率先して連れ回してくれていたため、獲物に事欠かない状態だった。大人になった今もヤマメは互いに外せない対象魚となっているのも解った。

ヒラスズキ取材から約2年半後に再び取材することになり、そのときがヤマメだった。

まあ、仕事なので景観のよいところを重点的に回ることになり、数よりもサイズ思考になるのは必然だった。

椎葉諸塚ラインはもうかれこれ30年近くも楽しませてもらっている地域である。放流に依存しているとはいえ、このあたりではなかなかのサイズが釣れる川である。椎葉といえば耳川の上流ではあるが、放流なので太平洋側の河川でもヤマメはいる。私が中高生の頃、この辺りでは60㎝級のマスも普通に釣られていた地域である。まあ、今やすっかりそんなことはなくなって大抵40㎝前半どまり。それでも相当大きいといえば大きいが……。

渓流のよさはその攻略性の高さで、自分自身の沢登りスキルも必要だが、透明度の高い釣り場の常として魚のプレッシャーの問題も出てくる。何

同郷のルアークラブの先輩後輩の関係であることが判明した。

▶釣り上るので健さんは背後に付いて、その距離を計らっていた

初日の午後に出た尺上

話していると、子どもの頃、既に郷土の釣り倶楽部やライブ会場でニアミスしていたことが判明し、世の中の狭さを思った

この日の夕方から雨になり、途端に魚の気配がしてきた

その日夕方から雨が降り始め、何やら魚のにおいがしてきた。

回もリトライして釣るものではない。もちろん、それ相応の濁りや都合のよい増水があればよいが、地元でもない人間がいきなり行って結果を出すのはそう簡単ではない。

小手調べの五ヶ瀬川上流からスタートしてお互いのスタンスを調整して山越えし、耳川水系へと車を走らせる。初日のこの日はとうに日が昇ってカンカン照りだった。セミこそまだ鳴かないが、まさにそんなことがありそうな日だった。

本流も渇水気味で今ひとつよさげには見えないがトライあるのみ。見た目にもちょっと降りられそうにない場所に道を発見し、自分だけ入渓して探ってみる。

頭上から先輩がファインダー越しに見ている。2投目、ダウンクロスで投げたルアーに大きなサイズが食いついた。網に入るまで一瞬の出来事だった。

その日夕方から雨が降り始め、何やら魚の匂いがしてきた。昨晩は上之小屋のモンスターの話でもちきりだったので上之小屋近辺に行ってみることに。まあ時期尚早という感じだったので別の河川に行ってみる。おそらく遡上の魚が止まるならこの付近だろうと目星をつけていたちょっとした深みでそれはヒットした。さほど長くはなかったがきれいな魚だった。

この釣りへの私のこだわりは、やはりピンでルアーを打ち込み、そのとおりに答えが返ってくること。大型小型はどちらかといえばもう卒業している。自分のイメージに沿っていかに釣れていくか。そのことがとても重要だ。渓流のルアーフィッシングはそういう自分のポテンシャルに応じた結果が出やすいところがとても面白い。

2017年冬、3度目の取材は玄界灘のヒラマサ釣りだった。背後に付いた健さんと釣り場の雰囲気を読み取る

本書について　～津留崎義孝さんに代わって～

津留崎義孝さんに電話するのがオソロシクて、話さなければならないときは、天候と風向きを考えて、津留崎さんがラボいるに違いないと踏んだ日にノーアポイントメントで突撃訪問していた。自慢じゃないが、それはそれは高確率で津留崎さんに会えていたわけだ。

ところが、釣りでいい日が続かないのと同様に、次第に外すようになって伝言メモを残す日が続いた。

そんなとき津留崎さんから「あの～電話って知ってますか～？　それ最初に使ってから来たらいいと思うんですけど。といって電話にはあんまり出ませんけど」と一報があり、以来ゲリラ訪問は慎むようになった。

何が言いたいか？

津留崎さんはロッドビルダーであり、ルアーデザイナーであるわけだが、いつもラボにいるわけではない。むしろ釣り場にいて、数日からときに数週間出払っている。

行き先はさまざまだ。国外も多い。

そうした行動を成人する前からいまだに同じペースで続けている。これはもうなんと言えばよいのか。

＊＊＊

津留崎さんの文体は難解だという行をどこかで見た。

釣りは、釣り人が目の前に置かれた状況をどう判断するかであり、判断要素は多岐にわたる。それは、キャリアを積むほどに具体的に見えるようになるはずである。釣り場で起こっている事象に対し、同時にいくつものことを考えているのが現場の現実である。

ところが、文章は一文一文の連なりである。時系列や話題の括りで展開させていく。

目や耳や手応えといった五感で一緒くたに判断するのとは質が異なっている。

津留崎さんは、釣り場で同時に読み取って判断したことによって手にした釣果やエラー例をアウトプットするのに専念しているのだ。書くことが多すぎて文章化するスピードを吐き出そうとするスピードが上回っている。文章の構成や「てにをは」に気を奪われ、立ち止まるように書いていたのでは書きたいことの細かい部分が欠落しかねないのだ。

＊＊＊

本文中でも綴られているように、津留崎さんは魚への理解、生態の把握を期して、釣果に客観性を見出そうと努めている。原因と結果を探り続けている。天候が、水温が、陽射しが、風向きが、風速が、水深が、透明度が、シーズンが、ベイトが、潮流が、上げ下げが、潮位が、地形が、方角が、産卵期が、活性が、明暗が、レンジが、ルアーのタイプが、シルエットが、アクションが、ロッドの硬軟が、ライン号数が、ライン軌道が、比重が、ドラグテンションが、フックサイズが、フック形状が、フッキングのタイミングが、共鳴し合い、そこにいる魚と津留崎さんを覆っている。

これらを知覚しただけ序列化にこだわることなく文章にしようとしている。

津留崎さんはなんでも自分でやろうとし、あらかたのことはやってしまう。やってきた。書きたいことを書きたいように書き、言いたいことは言ってきた。毒も吐く。そんな記述もたしかにある。だが、よくよく読み進めてみれば、乱暴に思える表現もあとでフォローしていたりする。成功と失敗、すべて含めた体験に基づき、よりよいところを目指す。

津留崎さん自身、あらゆる可能性を排除しない。そのスタンスに変わりはない。これからもその営みは続くに違いない。

本書に記されたロジックを読むだけでなく、体験してほしい。

平成30年6月　フリーライター　小田部修久

*初出一覧

「メタルジグの釣りの構造」……ルアーパラダイス九州No.21晩秋号
「プラグの深層をのぞいてみる」……ルアーパラダイス九州No.06初夏号
「ゾーンの固定とミノープラグ」……ルアーパラダイス九州No.02夏号
「ヒラマサを筆頭とするショア青もの考察」……ルアーパラダイス九州No.15晩秋号
「ポータブルボートの利便性」……ルアーパラダイス九州No.20秋号
「青もののボートジギングを考える」……ルアーパラダイス九州No.22早春号
「マイボートの釣り」……ルアーパラダイス九州No.17春号
「南海の釣りについて」……ルアーパラダイス九州No.24初夏号
「海外遠征のすすめ」……ルアーパラダイス九州No.16早春号
「健気で無邪気なクロダイトップ」……ルアーパラダイス九州No.07盛夏号
「血潮がたぎるシイラの釣り」……ルアーパラダイス九州No.14秋号
「ブリは全国区の青もの」……ルアーパラダイス九州No.05春号
「自分の釣りを見せるとき」……ルアーパラダイス九州No.18初夏号

単行本化にあたり大幅に加筆、訂正しました。

著者プロフィール
津留崎義孝（つるさきよしたか）

1963年福岡県久留米市生まれ。幼少より釣りに親しみ、中学高校大学へと進むにつれて行動範囲が拡大し、ライギョ、バス、ヤマメなどの淡水魚からシーバスやヒラスズキなどの海水魚を釣るようになる。国内外を問わず釣行し、現在も精力的に活動する。ルアー、とくにハードプラグの釣りに専念し、釣り具メーカー勤務後にルアー工房を主宰、現在はロッド、ルアーのメーカー・FCLLABO代表。

キャリア50年のカリスマが明かす最強ロジック
ルアーフィッシング「俺流」戦術

2018年7月1日発行

著　者　津留崎義孝
発行者　山根和明
発行所　株式会社つり人社
〒101-8408　東京都千代田区神田神保町1-30-13
TEL 03-3294-0781（営業部）
TEL 03-3294-0766（編集部）

印刷・製本　図書印刷株式会社

乱丁、落丁などがございましたらお取替えいたします。

ISBN 978-4-86447-320-0 C2075
つり人社ホームページ　https://tsuribito.co.jp
ルアーパラダイス九州オンライン　https://lurepara.tsuribito.co.jp
釣り人道具店　http://tsuribito-dougu.com